KB041194

.

이 모든 것의 철학적 의미는?

이 모든 것의 철학적 의미는

토마스 네이글 지음/김형철 옮김

서광사

이 책은 Thomas Nagel의 *What Does It All Mean?:*
A Very Short Introduction to Philosophy
(Oxford University Press, 1987)를 완역한 것이다.

이 모든 것의 철학적 의미는?

토마스 네이글 지음

김형철 옮김

펴낸이 — 김신혁, 이숙

펴낸곳 — 도서출판 서광사

출판등록일 — 1977. 6. 30.

출판등록번호 — 제 406-2006-000010호

(10881) 경기도 파주시 회동길 77-12 (문발동)

대표전화 · (031)955-4331 / 팩시밀리 · (031)955-4336

E-mail · phil6161@chol.com

http://www.seokwangsa.co.kr / http://www.seokwangsa.kr

제1판 제1쇄 펴낸날 · 1989년 4월 20일

제1판 제14쇄 펴낸날 · 2018년 6월 10일

ISBN 978-89-306-0001-9 03100

철학을 전혀 배우지 못하고도
매우 철학적이신 아버님과 늘 도와주신 어머님께
이 책을 바칩니다.

옮긴이의 말

옮긴이가 고등학교 다니던 때의 일이다. 대학에 가면 무엇을 전공할 것인지 곰곰이 생각해 보았다. 세상을 알면서 삶을 살아 가고 싶은데 가장 좋은 길이 무엇일까 생각한 끝에, 철학이 가장 적합한 학문이라는 생각이 들었다.

철학, 그렇다. 철학이야말로 이 세상 모든 것이 지니고 있는 깊은 의미를 캐내는 데 도움을 줄 수 있는 유일한 학문이라는 생각에 이르렀다.

하지만 내 주위 사람들의 반응은 엄청난 것이었다. 아버님은 상과 대학에 보내고 싶어하셨고, 어머님은 특별히 선호하시는 전공은 없었지만 철학에는 전혀 호감이 가지 않으시는 눈치셨다. 담임 선생님은 농과 대학에 가서 미래의 농촌을 이끌어가라고 말씀하셨다. 심지어 어떤 사람은 철학은 깊게 하다가는 결국 정신 이상자가 될 확률이 높다고까지 하였다. 적어도 공통된 지적 사항은 내가 철학을 전공하고자 했던 바로 그 이유 즉 "세상을 아는 것"은 전혀 철학과 거리가 멀다는 것이었다. 오히려 철학을 하게 되면 세상사를 등한시하게 되고, 세상사에 몰두하게 되면 자연히 철학적이기 힘들다는 것이다. 나는 그 사람들이 나에게 바라는 것이 무엇인지 그 말뜻을 잘 알고 있었다. 그렇지만 내가 의미하는 "세상을 알기 위해서 철학한다"는 뜻을 이해하지 못하는 그 사람들을 탓하기 이전에, 정말로 내가 올바른 길을 가고 있는지 확신을 가질 필요를 느꼈다.

그래서 고등학교 3학년 2학기, 모든 사람이 인생에서 가장 중요하고 동시에 지옥 같다고 느끼는 그 시기에 나는 서점에 가서 박종홍 선생님의 《철학 개론》, 《논리학 개론》을 사서 읽기 시작하였다. 참 재미있게 읽었다. 물론 많은 부분을 이해했다고 믿었던 당시의 생각은 아마 나 혼자의 착각이었으리라. 그러나 그 당시에도 상당 부분은 이해하기 어렵다고 생각했다. 무척 어렵고 딱딱한 내용이었다고 지금 기억된다. 쉬운 입문서가 아쉬웠다.

오늘날 우리 나라의 많은 철학 교수들은 철학을 일반인들에게 쉽게 보급해야 한다고 생각하고 있다. 나 역시 이러한 움직임에 전적으로 찬성하는 사람이다. 여기에서 우리는 상식과 철학의 관계를 잘 정립해야 한다. "철학의 상식화"와 "상식의 철학화"는 전혀 다른 것이고, 결론부터 이야기하면 추구해야 할 방향은 "상식의 철학화"이다. 그러나 "철학의 상식화"로만 치닫고 있는 느낌이다. 예를 들면,

"밤하늘 빛나는 별보다 더 반짝이는 것은 내 마음의 양심이다"라는 말을 한 철학자는 누구인가?

① 칸트 ② 아리스토텔레스 ③ 데카르트 ④ 존 스튜어트 밀

　우리 학생들은 이런 유형의 질문과 답을 잘도 외우고 다닌다. 지하철에서, 버스에서, 공원의 벤취에서, 독서실에서, 자기 방안에서 "한밤의 음악 편지"를 들으며, 이런 단답형 문제들을 줄줄 외워댄다. 옮긴이의 생각으로는 무엇이 잘못되어도 크게 잘못된 듯하다. 철학적 지식을 상식처럼 알고 있다고 해서 철학을 하는 것이 아니다.

　반면 "상식의 철학화"는 우리가 상식적으로 알고 있는 세상 모든 것에 대해 회의를 품고, "왜 그럴까? 과연 그럴까? 그렇다면 그 의미는 무엇인가?"라는 식의 질문을 던지는 것이다. 철학적 문제는 우리의 일상 생활과 전혀 동떨어진 것으로부터가 아니라 바로 우리 주변에서 벌어지는 일들로부터 오는 것이다. 이것을 바로 인식하게 하는 것이 우리가 가지고 있는 상식들의 철학적 의미를 탐구하고, 일반 독자와의 거리를 가깝게 하는 것이다. 즉 우리가 가깝게 느낄 수 있는 일들을 철학적 관점에 서서 보고, 그 철학적 사고를 쉬운 말로 풀어서 쓰는 것이다. 이것은 "철학의 에세이화"와도 확연히 구분된다. 즉 "상식의 철학화"는 철학적 사고를 쉬운 말로 표현하면서도, 단순한 정서나 감정에 호소하는 것이 아니라 이성적 분석을 가능하게 해주는 방법을 사용하는 것이다.

　토마스 네이글은 이 작업을 훌륭히 해낸 철학자라고 생각된다. 이 책을 읽어 보면 몇 가지 특징이 있다. 우선 우리에게 친근한 예로부터 시작하여 왜 그것이 철학적으로 문제시되는지를 밝혀 우리로 하여금 철학적 문제 의식을 갖게 한다. 그 다음으로, 그 철학적 문제에 대한 가능한 대안을 검토한다. 어떤 대안은 어떤 장점과 단점을 가지고 있는지를 보여준다. 마지막으로, 자기의 견해를 밝히면서도 결코 결론을 내리거나 강요하지 않음으로써, 독자 스스로 그 문제를 직접 생각해 보고 해답을 얻도록 권유하는 방식을 쓴다.

이 책은 쉬운 말로 씌어 있다. 그러나 한번 읽고 던져 버리기 보다는 두 번, 세 번 읽을수록 새로운 의미가 그 속에서 되살아 나는 것을 독자는 느끼리라 믿는다.

이 책을 출판하기로 한 서광사 김신혁 사장과 주상희 편집장에게 감사의 뜻을 표하며, 또한 이 책이 서광사에서 출판하는 100권째의 철학 서적이 된 데 대헤 더욱 기쁨을 느낀다.

1989년 1월
옮긴이 김형철

□ 차 례 □

서 론

  이 책은 철학이라는 학문에 대해 아무 것도 모르는 사람들을 위한 간단한 입문서이다. 사람들은 대개 대학에 가서나 철학을 공부하고, 또 대부분의 독자들도 그 나이 또래이거나 그보다 연장자일 것으로 생각된다. 그러나 나이는 철학의 특성과는 아무런 관계가 없으며, 이 책은 이해력이 뛰어난 고등 학생 가운데 추상적인 개념과 이론적인 논의에 관심이 있는 학생들에게 큰 도움이 되리라 믿는다. 물론 그들이 읽기로 마음을 먹는다면 말이다.

  우리의 분석적 능력은 대체로 우리가 세상에 대해 많은 것을 배우기 전에 크게 발달하고, 많은 사람들은 14세 가량 되었을 때 독자적으로 철학적 문제에 관하여 생각하기 시작한다. 예를 들면 정말로 존재하는 것이 무엇인가, 사물에 대한 지식을 가질 수 있는가, 어떤 것이 옳고 어떤 것이 그른가, 인생에는 어떤 의미가 있는가, 또는 죽음이란 마지막을 의미하는가에 관해서 말이다. 이러한 문제들은 수천 년에 걸쳐 회자되어 왔으나, 철학적 기본 소재들은 과거의 글로부터가 아니라 우리와 세계와의 관계에서 직접적으로 도출되는 것이다. 바로 이런 이유 때문에, 그러한 글들을 읽지도 않은 사람들의 머리에도 이런 철학적 문제들이 계속해서 떠오르는 것이다.

이 책은 과거의 사상사를 구체적으로 언급함이 없이 그 자체로 이해될 수 있는 9개의 철학적 문제들에 대한 입문서이다. 나는 과거의 위대한 철학적 고전들과 문화적 배경에 관하여 전혀 언급하지 않겠다. 철학의 핵심은 숙고하는 인간 정신이 자연스럽게 의아해 하는 문제들을 푸는 데 있고, 철학 공부를 시작하는 가장 좋은 방법은 그런 문제들을 직접적으로 생각해 보는 것이다. 이런 직접적인 방법을 한번 사용해 보면, 당신은 똑같은 문제들을 해결해 보고자 노력해 왔던 다른 사람들의 결론을 이해하는 것이 훨씬 쉽다는 것을 알게 될 것이다.

철학은 과학이나 수학과는 다르다. 과학과 달리, 철학은 실험이나 관찰이 아니라 사고에 의존하는 학문이다. 또 수학과 달리, 철학은 증명하는 형식적 방법을 가지고 있지 못하다. 질문을 던지고, 논의하고, 개념을 철저히 시험해 보고, 그것에 대하여 반대되는 가능한 논의를 생각해 보고, 또 우리의 관념이 실제로 어떻게 작용하는가를 알아보는 이러한 것들이 바로 철학적 작업이다.

철학의 주요한 관심은 우리 모두가 일상 생활에서 특별한 생각없이 지나치는 대단히 평범한 개념들에 대하여 질문하고 이해하는 것이다. 역사학자는 과거의 어느 시점에 무엇이 발생했는가를 묻는다. 그러나 철학자는 "시간이란 무엇인가?"를 묻는다. 수학자는 수의 관계를 탐구하지만, 철학자는 "수란 무엇인가?"라고 묻는다.

물리학자는 원자는 무엇으로 구성되어 있는가 혹은 중력은 무엇인가를 묻지만, 철학자는 우리 마음 저편에 존재하는 외계의 사물에 관한 지식을 어떻게 습득할 수 있는가를 묻는다. 심리학자는 어린 아이들이 어떤 과정을 통해 언어를 습득하게 되는가를 묻지만, 철학자는 "하나의 단어로 하여금 의미를 갖게 하는 것은 무엇인가?" 라고 묻는다. 누구든지 돈을 내지 않고 영화관에 들어가는 것이 잘못된 것인지 아닌지에 대하여 의문을 가질 수 있지만, 철학자는 "도대체 어떤 행동을 옳거나 그릇되게 만드는 근거가 무엇인가?" 를 묻는다.

우리는 시간, 숫자, 지식, 언어, 옳음과 그름 등과 같은 개념을 당연시하지 않고는 인생을 살아 나갈 수가 없다. 그러나 철학은 이러한 것들 그 자체를 탐구하는 것이다. 그 목적은 세계와 우리 자신에 대한 이해를 더욱 깊게 하기 위한 것이다. 당연히 이런 작업은 쉽지 않다. 당신이 탐구하고자 노력하고 있는 개념들이 근본적인 것일수록, 당신이 사용할 수 있는 도구들은 점점더 적어질 수밖에 없다. 왜냐하면 당신이 당연히 여기거나 가정해 버릴 수 있는 것이 별로 남지 않기 때문이다. 그래서 철학은 어느 정도 골치 아픈 학문이고, 그 학업의 결과가 오랫동안 도전받지 않고 넘어가는 일이 드물다.

철학을 배우는 가장 좋은 길은 특별한 문제에 관하여 생각해 보는 것이라고 믿기에, 나는 그것의 일반적인 특성에 관해 많은 것을 이야기하려고 하지 않을 것이다. 우리가 이 책에서 다룰 9개의 문제는 다음과 같다.

우리의 마음 밖에 존재하는 세계에 대한 지식

타인의 마음에 대한 지식
정신과 뇌의 관계
언어의 가능성
자유 의지의 문제
도덕성의 근거
불평등이 부정의한 경우
죽음의 본질
삶의 의미

이것들은 일부에 불과하고, 그 외에도 많은 문제가 쌓여 있다.

내가 여기서 말하는 바는 이러한 문제들에 대한 나 자신의 견해에 불과하고, 반드시 대다수의 철학자들이 생각하는 바를 대표하는 것은 아니다. 이 문제들에 대한 대다수 철학자들의 공통된 의견이란 애당초 없는 것인지도 모른다. 철학자들이란 원래 서로 동의하지 않는 존재이고, 모든 철학적 문제는 두 가지 이상의 측면을 가지게 마련이다. 내 개인적 의견으로는 대부분의 철학적 문제는 해결되지도 않았고, 또 영원히 해결되지도 않을 것이다. 그러나 이 책의 목적은, 나 자신이 옳다고 생각하는 해답까지를 포함한 어떠한 해답도 제시하려 하지 않고, 단지 초보자들에게 문제 의식을 불러일으켜 그 문제들을 직접 생각하게 해보는 데 있다고 하겠다. 철학적 이론들을 많이 배우기 이전에, 그 이론들이 대답하고자 노력하는 문제들을 골똘히 생각하는 것이 우선되어야 한다고 믿는다. 그것을 이루는 최상의 방법은 가능한 해결 방안을 들여다보고, 또 그것들이 잘못되었는지를 살펴 보는 것이다. 나는 의도적으로 문제를 해결하려 하지 않을 것이고, 설령 내가 생각하는 바를 밝혔을 때도, 당신이 스스로 설득되기도 전에 그 해답들을 믿어야 할 아무런 이유도 없는 것이다.

과거와 현재의 철학적 고전들로부터 발췌한 내용을 담고 있는 뛰어난 철학 입문서는 얼마든지 많이 있다. 이 짧은 책은 그러한 것들을 대신하기 위해 씌어진 것이 아니라 가능한 한 최대로 명확하고 직접적으로 조명된 철학적 주제들에 대한 첫인상을 주기 위한 것이다. 당신이 이 책을 한번 읽은 후에 그 철학적 문제들을 다시 생각해 본다면, 그 철학적 문제들에 관해 내가 여기에 써 놓은 것보다 더 많은 것이 그 속에 있다는 것을 알게 될 것이다.

사물에 대한 지식

2

곰곰이 생각해 볼 때, 사실상 당신이 확실하게 알 수 있는 것은 당신 자신의 마음뿐이다.

당신이 믿는 모든 것—그것이 해, 달, 그리고 별, 당신이 살고 있는 집과 이웃, 역사, 과학, 타인, 그리고 심지어 당신 자신의 몸의 현존에 관한 것일지라도—은 경험, 생각, 느낌, 그리고 감각적 인상에 기초한 것이다. 당신이 들고 있는 책을 보든, 당신 발밑에 있는 마루를 느끼든, 조지 워싱턴이 미합중국의 첫번째 대통령이라는 사실을 기억하든, 혹은 물은 H_2O라는 사실을 기억하든간에, 위에서 말한 것들이 바로 당신이 직접적으로 대할 수 있는 것의 전부이다. 당신의 내적 경험과 사고 이외의 것들은 당신으로부터 더 멀리 떨어져 있어서, 당신은 그 내적 경험과 사고를 통해서만 그 모든 것을 알 수 있을 따름이다.

일상적으로 당신은 당신 발밑에 있는 마루나, 창밖의 나무, 혹은 당신의 이빨 등이 존재한다는 사실에 대하여 의심하지 않는다. 사실 대부분의 경우에 당신은 그러한 사물들을 당신으로 하여금 의식하게 하는 정신적 상태에 관하여 생각해 보지도 않는다. 당신은 그런 사물들을 직접적으로 알고 있는 듯하다. 그러나 당신은 어떻게 그런 것들이 정말로 존재한다는 것을 아는가? 만약 사실상 그 모든 것이 **단지** 당신 자신의 마음 속에서만 존재한다면, 즉 당신이 참으로 존재한다고 믿는 세계의 모든 것이 당신이 영원히 깨지 않을 긴 꿈이거나 환상에 불과한 것이라면, 그 사물들이 당신에게 뭔가 다르게 느껴지는 것 같은가?

만약 모든 것이 그와 같은 꿈이라면, 당신은 물론 일상적으로 꿈에서 깨듯이 그 긴 꿈에서 깨어날 **수는 없다.** 왜냐하면 당신은 지금 존재하는 모든 세계를 일장춘몽으로 생각하기 때문에, 당신이 깨어날 "실재적인" 세계는 아무 곳에도 존재하지 않기 때문이다. 그러므로 이 꿈은 정상적인 꿈이나 환상과 똑같을 수는 없다. 우리가 보통 생각하는 꿈은 진짜 집에서 진짜 침대에 정말로 누워 있는 사람들의 마음 속에서 일어난다. 비록 그 꿈 속에서 살인마에 쫓겨 길거리를 헤맨다고 하더라도 말이다. 우리는 보통 정상적인 꿈은 잠을 자고 있는 동안 사람의 두뇌 속에서 일어나는 것에 불과하다고 알고 있다.

그러나 도대체 당신의 모든 경험이 외부의 세계가 존재하지 **않는** 긴 꿈과 같은 것이 될 수 있는가? 어떻게 당신은 이 세상이 그와 같지 않다는 것을 알 수 있는가? 만약 당신의 모든 경험이 정말로 외부에 **아무 것도 없는** 꿈이라면, 외부 세계가 존재한다는 것을 당신 자신에게 증명하기 위해 사용하는 그 어떤 증거도 꿈의 일부에 불과한 것이다. 만약 당신이 책상을 두드리거나 살을 꼬집어 본다면, 당신은 그 소리를 듣거나 아픔을 느끼게 된다. 그러나 그 또한 다른 모든 것과 마찬가지로 당신의 마음 속에서 진행되고 있는 또 하나의 것에 불과하다. 따라서 그것은 아무 소용이 없다. 만약 당신 내부에 있는 것이 당신 마음 외부에 있는 것을 아는 지침이 되는지의 여부를 알고 싶다면, 당신은 당신 마음 내부로부터 볼 때 당신에게 해답을 주는 **듯한** 방법에 의존할 수가 없다.

그러나 달리 의존할 그 무엇이 있는가? 당신이 사물에 관하여 가지고 있는 모든 증거는, 그것이 감성의 형태를 띠고 있든지 책이나 다른 사람의 증언이든지 또는 기억이든지간에 어쨌든 당신의 마음을 통과해야만 한다. 그리고 이 사실은 당신 마음 이외에는 **아무것도 존재하지 않는다**는 당신의 생각과도 일관된 입장이다.

당신이 육체나 두뇌를 가지고 있지 않다는 것까지도 가능한 일이다. 왜냐하면 그런 것들에 대한 당신의 믿음도 당신의 감각에 확인된 증거를 통해서만 가능하기 때문이다. 당신은 당신의 두뇌를 본적이 없다. 당신은 그냥 모든 사람이 두뇌를 가지고 있다고 가정하고 있을 뿐이다. 설령 당신이 그것을 보았거나 혹은 보았다고 생각한다 하더라도, 그것은 또 다른 시각적 경험에 불과하다. 결국 경험의 주체로서의 **당신**만이 존재하고, 물리적 세계인 별, 지구, 인간의 육체 등은 존재하지 않는지 모른다. 공간조차도 존재하지 않는지 모른다.

외부의 물리적 세계는 존재할 수밖에 없다. 왜냐하면 만약 당신의 눈에 빛을 보내어 감각적 경험을 유발하는 외부 세계가 없다면 당신은 건물, 사람, 또는 별들을 볼 수 없기 때문이다. 만약 당신이 이와 같이 주장하려고 노력한다면, 그 대답은 자명하다. 당신은 어떻게 **그것을** 알 수 있는가? 즉 그것은 외부 세계와 당신 자신과의 관계에 대한 또 하나의 주장에 불과하고, 그것 역시 당신의 감각에 기인한 증거에 불과할 수밖에 없는 것이다. **그러나 외부 세계가 존재하는지의 여부가 당신의 마음 속에 있는 생각에 좌우된다고 이미 인정할 수 있는 경우에 한해서만, 당신은 감각적 경험이 야기되는 방법에 대한 그러한 구체적인 증거에 의존할 수 있다. 그리고 바로 그러한 가정 자체를 우리는 의문시한다.** 만약 당신의 인상에 호소함으로써 그 인상의 신빙성을 증명하고자 한다면, 당신은 순환 논법의 오류에 빠져 아무런 해결책도 제시하지 못할 것이다.

이로부터 도출될 수 있는 가장 극단적인 결론은, 당신 마음이야말로 존재하는 유일한 것**이다**라는 것이다. 이러한 견해가 소위 유아론(solipsism)이다. 그것은 대단히 고독한 견해이고, 몇몇 사람들만이 취해 온 견해이다. 쉽게 상상할 수 있듯이, 나 자신 그러한 견해를 취하지 않는다. 만약 내가 유아론자라면, 나는 이 책을 쓰지 않았을 것이다. 왜냐하면 이 책을 읽을 다른 어떤 사람이 존재하리라고 나 자신 믿지 않을 것이기 때문이다. 반면에 나는 인쇄된 책의 외관에서 오는 느낌과 그것을 다른 사람들이 읽고 나에게 의견을 말해 주는 인상 등에 의해 나의 내적 삶을 더욱 흥미롭게 하기 위해 이 책을 썼을지도 모르겠다. 만약 내가 운이 좋다면, 나는 출판사로부터 인세를 받게 되는 인상을 가지기조차 했을지 모른다.

당신은 혹시 유아론자일지 모른다. 그럴 경우, 당신은 이 책이 실제로 존재하는 것이 아니라, 당신이 읽어 나감에 따라 당신의 경험 속에 존재하게 되는 당신 자신의 마음의 소산이라고 생각할 것이다. 물론 내가 하는 어떠한 말도 당신에게 나는 실제로 존재한다든지, 물리적 대상으로서 이 책은 존재한다든지 하는 것을 증명할 수는 없다.

반면, 당신만이 유일한 존재자라고 결론내리는 것은 증거가 정당화할 수 있는 이상의 것을 말하는 것이다. 당신은 당신 마음의 내부에 있는 것에 근거해서 외부 세계가 존재하지 않는다는 것을 **알** 수는 없다. 아마 타당한 결론은, 당신은 당신의 인상과 경험을 넘어서는 다른 어떠한 것도 알지 못한다는 보다더 겸허한 결론일 것이다. 외부 세계는 존재할 수도 존재하지 않을 수도 있다. 만약 존재한다면, 그 세계는 당신에게 보여지는 깃과 완전히 나를 수도 그렇지 않을 수도 있다. 도대체 당신으로서는 말할 길이 없는 것이다. 이 견해는 외부 세계에 대한 소위 회의주의(skepticism)이다.

보다더 강한 형태의 회의주의까지도 가능하다. 비슷한 논의들은 당신이 당신 자신의 과거 존재와 경험에 대한 어떠한 것도 알지 못한다는 것을 보여주는 듯하다. 왜냐하면 당신이 알 수 있는 모든 것은 기억, 인상을 포함해서 당신 마음의 현재 내용물에 불과하기 때문이다. 만약 당신의 마음 밖에 **지금** 존재하는 세계가 있다는 사실을 확신하지 못한다면, 당신은 어떻게 당신 자신이 **과거**에 존재했다는 사실을 알 수 있는가? 어떻게 당신 자신이 원래 탄생한 날 이후부터 존재해 온 것이 아니라, 지금 가지고 있는 모든 기억력을 가지고 당신이 조금 전에야 존재하게 된 것이 아니라는 것을 알 수 있는가? 조금 전에 당신이 존재하게 될 수는 없었다는 데 대한 유일한 증거는 사람들과 그들의 기억이 생산되는 방법에 대한 믿음에 의존하고, 또 그 믿음은 과거에 벌어진 일들에 대한 믿음에 의존하는 것이다. 그러나 당신이 과거에 존재했다는 것을 증명하기 위하여 그와 같은 믿음에 의존하는 것은 다시 순환 논법의 오류에 빠지는 것이 된다. 당신의 과거의 실재를 증명하기 위하여 과거의 실재를 가정하고 마는 것이다.

당신은 현존하는 당신 마음의 내용물 이외에는 아무 것도 확신할 것이 없다는 결론에 봉착하는 듯하다. 이러한 곤경에서 벗어나고자 하는 어떠한 시도도 실패할 것이다. 왜냐하면 그 논의는 당신이 증명하고자 하는, 즉 당신 마음 밖에 외부 세계가 존재한다는 사실을 가정하고 있기 때문이다.

예를 들어 보자. 당신의 경험들을 가능하게 하는 외부적인 원인들에 관한 **어떤** 설명도 없이 당신이 이 모든 경험을 가진다는 것은 믿기 어렵기 때문에, 외부 세계는 존재함에 틀림없다고 당신이 주장한다고 가정해 보자. 회의론자는 두 가지 반응을 보일 것이다. 첫째, 외부 원인들이 존재한다 할지라도, 어떻게 당신이 당신 마음의 내용물에 기인해서 그 원인들이 어떨 것이라는 것을 알 수 있는가? 당신은 그러한 것들을 결코 직접적으로 관찰할 수는 없다. 둘째, 모든 것은 설명을 지녀야 한다는 당신 생각의 근거는 무엇인가? 당신의 정상적·비철학적 세계관에서 볼 때, 당시 마음 속에서 진행되는 과정들이 적어도 부분적으로는 그것들 밖에 존재하는 사물들에 기인한다는 것은 사실이다. 그러나 만약 당신이 생각하고자 하는 것이 당신 마음 밖에 존재하는 세계에 관한 **어떤 것**을 당신이 아는 방법에 관한 것이라면, 이것이 사실이라고 가정할 수 없다. 당신 마음 **속에** 무엇이 있는지 들여다봄으로써 그러한 원칙을 증명할 길이란 없다. 그 원칙이 아무리 당신에게 그럴 듯하게 보여도, 그것이 실제 세계에 적용된다고 믿어야만 하는 무슨 이유를 당신은 가지고 있는가?

과학도 이 문제를 해결하는 데 아무런 도움을 주지 못한다. 통상적으로 과학적 사고를 함에 있어서, 세계가 우리에게 어떻게 느껴지는가를 통해 세계가 실제로 어떻다는 다른 개념으로 넘어가는 그러한 설명의 원칙에 우리는 의존한다. 우리는 현상들 너머 있는 실재를, 그 자체는 관찰되지 못하는 실재를 기술하는 이론을 바탕으로 비로소 현상들을 설명하려고 노력한다. 이것이 바로 물리학과 화학이 우리 주위에서 볼 수 있는 모든 것은 보이지 않을 정도로 작은 원자들로 구성되어 있다고 결론내리는 방법이다. 우리는 외부 세계에 대한 일반적 믿음이 원자에 대한 믿음과 같은 과학적 지지를 받는 믿음과 같은 종류의 믿음이라고 논의할 수 있을까?

회의론자의 대답은 과학적 사고의 과정도 이제껏 우리가 생각해 온 똑같은 회의론적 문제를 제기한다고 하는 것이다. 과학은 감각과 마찬가지로 연약한 것이다. 어떻게 우리는 우리 마음 밖에 있는 세계가 관찰의 좋은 이론적 설명이 되는 개념들과 일치하는지를 알 수 있는가? 만약 우리가 외부 세계에 관한 우리의 감각적 경험의 신빙성을 확립할 수 없다면, 우리의 과학적 이론에 의존할 수 있다고 생각되는 아무런 이유도 없는 것이다.

이 문제에 아주 상이하게 대응하는 것이 또한 가능하다. 어떤 사람들은 영원히 **아무도** 발견할 수 없는 외부적 실재라는 개념 자체가 무의미하기 때문에, 내가 이야기하고 있는 그런 종류의 극단적 회의주의는 아무런 의미를 가지고 있지 못하다고 말할 것이다. 그 논의는, 예를 들면 꿈이란 깨어나서 당신이 잠들어 있었다는 것을 발견할 **수 있는** 그런 것이이어야 한다. 환상이란 것도 마찬가지로 다른 사람들 혹은 나중에 당신 자신에 의해 아무 것도 그곳에 존재하지 않는다는 것이 보여질 **수 있는** 것이어야 한다. 실재와 일치하지 않는 인상과 현상이란 **일치하는** 다른 것과 대조될 수 있어야 하고, 그렇지 않다면 현상과 실재의 대조는 무의미한 것이다.

이 견해에 따르면, 당신이 영원히 깰 수 없는 꿈이라는 개념은 절대로 꿈의 개념이 아니라는 것이다. 그것은 **실재**, 당신이 살고 있는 실재 세계의 개념이다. 존재하는 것들에 대한 우리의 개념은 바로 우리가 관찰할 수 있는 것들에 대한 개념이다. (이 견해는 소위 실증주의라고 불리는 것이다.) 우리의 관찰은 가끔 잘못되기도 한다. 그러나 그것은 마치 당신이 꿈에서 깨어나거나 뱀이라고 생각했던 것이 잔디 위의 그림자에 불과했다는 것을 알게 되듯이, 나중에 다른 관찰에 의해 정정될 수 있는 것이다. 그러나 당신에 의해서건 타인에 의해서건, 사물에 관한 올바른 견해가 있을 수 있는 가능성이 없다면, 세계에 관한 당신의 인상들이 진실이 아니라고 하는 생각은 무의미하다.

만약 이 생각이 옳고 또 존재하는 유일한 것은 자기 자신의 마음뿐이라고 상상할 수 있다고 회의론자가 생각한다면, 그는 단지 그 자신을 조롱하고 있을 따름이다. 왜냐하면 만약 누군가가 물리적 세계가 존재하지 않는다는 것을 **관찰할** 수 없다면, 물리적 세계가 존재하지 않는다고 하는 것은 진실일 수가 없기 때문이다. 회의론자가 상상하고자 노력하고 있는 것은 바로 그 자신을 제외한 어떠한 존재도 물리적 세계를 관찰할 수 **없다는** 것이고, 또 그 자신이 관찰할 수 있는 모든 것은 자기 자신의 마음 내부에 국한되어 있다는 것이다. 그러므로 유아론은 무의미하다. 유아론은 나의 인상들의 총체로부터 외부 세계를 제거하려고 노력한다. 그러나 그것은 실패한다. 왜냐하면 만약 외부 세계가 빠진다면, 나의 인상들은 단순한 인상이기를 그치고, 그 대신 그 자체로 실재의 지각이 되고 말기 때문이다.

회의론과 유아론에 대한 이 반격은 가치가 있는 것인가? 실재라는 것이 우리가 관찰할 수 있는 것이라고 정의되어지지 않는다면

이 반격은 쓸모가 없다. 그러나 우리는 정말로 아무에게도(인간이 든 다른 어떤 것이든간에) 관찰되어질 수 없는 참 세계에 대한 개념이나 실재에 대한 사실을 이해할 수 없는가?

회의론자는 만약 외부 세계가 존재한다면, 그 속에 있는 사물들은 존재하기 때문에 관찰되어질 수 있다고 주장할 것이다. 그리고 그 역이 진리일 수는 없다고 한다. 즉 존재는 관찰 가능성과 같은 것이 아니라는 것이다. 그리고 비록 우리가 우리의 경험과 실재 사이의 대비가 관찰 **가능한** 경우로부터 꿈이나 환상의 개념을 도출하는 것이라 할지라도, 똑같은 개념이 실재가 관찰 가능하지 않은 경우에까지 연장되어 적용될 수 있을 것으로 보인다.

만약 그것이 옳다면, 비록 당신을 포함하는 어느 누구도 그것이 진실인지를 알 수 없다 하더라도 세계는 당신의 마음 내부에 불과하다고 생각하는 것이 의미없는 일이 아니라는 결론이 나온다. 만약 이것이 무의미한 것이 아니라 당신이 필수적으로 고려해야 할 가능성의 일부라면, 순환 논법에 빠지지 않고 이것이 오류라는 것을 증명할 길이 없어지는 듯이 보인다. 그래서 당신 마음이 우리로부터 탈출할 길이 없는지도 모른다. 이것은 가끔 소위 자아 중심적 곤경이라고 불린다.

이 모든 것을 언급한 후에도, 여전히 나는 당신 주위에 있는 세계의 모든 사물들이 진정으로 존재하는 것이 아니라고 진지하게 믿는 것이 사실상 불가능하다고 인정할 수밖에 없다. 우리는 본능적으로 또 강하게 외부 세계가 존재한다고 받아들인다. 우리는 철학적 논의로써 간단히 외부 세계를 제거해 버릴 수는 없다. 우리는 **마치** 다른 사람과 사물들이 존재하는 **양** 행동하며 살아간다. 뿐만 아니라 우리가 이런 신념을 가질 수 있는 어떠한 근거도 없다는 것을 보여주는 듯한 논의를 거친 후에조차도 우리는 그것들이 존재한다고 **믿는다.** (세계에 대한 우리의 총체적 믿음의 체계 내에서, 우리는 특정한 사물에 대한 보다더 특정한 믿음을 가지는 근거를 보유하고 있는지도 모른다. 그러나 그것은 경우가 다르다. 그것은 이미 외부 세계의 존재를 가정하고 난 다음의 이야기이다.)

만약 우리의 마음 밖에 있는 세계에 대한 믿음이 그토록 자연스럽게 우리에게 와닿는 것이라면, 아마도 우리는 그것을 정당화할 근거를 가질 필요가 없는지도 모른다. 우리는 그저 그것은 원래 그런 것이라고 내버려 두고 우리가 옳기만을 희망할 수도 있다. 그리고 실제로 이런 상태가 외부 세계의 존재 증명을 포기한 후에 대부분의 사람들이 취하는 행동이다. 비록 회의론자들에 대하여 충분한 이유를 대지 못하더라도, 분명한 것은 회의론적 태도와 더불어 삶을 영위할 수도 없는 것이다. 그러나 이것이 의미하는 바는 세계에 대한 우리의 통상적인 믿음이 (a)완전히 잘못되어진 것인지도 모르고, 또 (b)그럴 가능성을 완전히 배제할 근거도 우리는 가지지 못한다는 사실에 직면하여, 그저 그러려니 하면서 살고 있다는 것이다.

그러면 우리는 다음과 같은 세 가지 질문에 직면한다.

1. 당신 마음의 내부만이 유일하게 존재한다는 것과, 설령 외부 세계가 있다 하더라도 당신이 믿는 것과 완전히 다른 것이다라는 것이 의미있는 가능성으로 남아 있는가?

2. 만약 이와 같은 것이 가능하다면, 그것들이 진정으로 참일 수는 없다는 것을 당신 자신에게 증명할 방법이 있는가?

3. 만약 그것을 증명할 수 없음에도 불구하고, 여하튼 외부 세계의 존재를 믿고 살아 가는 것이 옳은 태도인가?

타인의 마음

3

당신의 마음이 존재하는 유일한 것은 아니다. 즉 당신 주위에서 보고 느끼는 듯한 물리적 세계가 당신 자신의 육체를 포함해서 진정으로 존재한다고 가정하더라도 계속적으로 문제가 되는 특수한 종류의 회의주의가 있다. 그것은 당신 자신이 아닌 타인의 마음이나 경험의 성격 혹은 그 존재까지를 의심하는 회의주의이다.

다른 사람의 마음 속에서 벌어지고 있는 일에 대하여 당신이 정말로 알고 있는 것은 얼마나 되는가? 분명히 당신은 인간을 포함한 생물체의 육체만을 관찰할 따름이다. 당신은 그들이 움직이는 것을 보고, 말하거나 소리내는 것을 듣고, 그들이 좋아하는 것이나 싫어하는 것 또는 먹는 것 등의 주위 환경에 어떻게 반응하는가를 볼 따름이다. 당신은 또한 다른 생물체를 해부하여 그들의 물리적 내부를 들여다보고, 당신 자신의 것과 비교해 볼 수 있다.

그러나 이런 방법으로는 절대로 그들의 경험, 사고, 느낌에 직접적으로 접근할 수 없다. 당신이 실제적으로 가질 수 있는 유일한 경험은 결국 당신 자신의 것이다. 만약 당신이 타인도 정신적 삶을 영위하고 있다고 믿는다면, 그것은 그들의 물리적 구조와 행동을 관찰함으로써 가능한 것이다.

쉬운 예를 든다면, 당신과 친구가 같이 초콜렛 아이스크림을 먹고 있을 때, 당신 친구가 당신과 똑같은 맛을 느끼고 있는지 당신은 어떻게 아는가? 당신은 친구의 아이스크림을 맛볼 수 있다. 그러나 그것이 당신 것과 똑같은 맛이라면, 그것이 의미하는 바는 단지 그 친구의 아이스크림이 **당신에게** 당신 것과 똑같이 느껴진다는 것뿐이다. 즉 당신은 그 친구의 아이스크림이 **그 자신에게** 어떻게 느껴지는지를 경험하지는 못할 것이다. 당신의 경험과 당신 친구의 경험을 직접적으로 비교할 길이란 도저히 없는 듯이 보인다.

그러면 당신은 이렇게 말할지 모른다. 당신들은 둘 다 같은 사람이고, 예를 들면 둘 다 눈을 감고도 초콜렛과 바닐라의 차이점을 말할 수 있는 정도로 아이스크림의 맛을 구별할 수 있기 때문에, 두 사람의 맛 경험은 비슷할 확률이 높다. 그러나 도대체 정말 **그렇다는 것을** 어떻게 알 수 있는가? 당신이 어떤 아이스크림과 그 맛 사이에서 관찰한 유일한 관련은 당신 자신의 경우에만 해당한다. 그런데 당신은 무슨 이유로 타인의 경우에도 비슷한 상관 관계가 일어나리라고 생각해야만 하는가? 왜 차라리 그가 느끼는 초콜렛 맛이 당신이 느끼는 바닐라 맛과 같은 것이라고 말하는 것이 우리가 가지고 있는 여러 증거와 일관된 것이어서는 안 되는가?

다른 종류의 경험에 대해서도 똑같은 질문이 가능하다. 어떻게 당신은 노란색의 사물이 당신에게 비추어지는 것과 같은 방법으로 붉은색의 사물이 당신 친구에게 비추어지는 것이 아니라는 것을 알 수 있는가? 물론 만약 당신이 그에게 소방차 색깔이 어떻느냐고 물으면, 그는 피처럼 붉다고 대답하지 민들레처럼 노랗다고 대답하지는 않을 것이다. 그러나 그것은 소방차나 피의 색깔이 **무엇이든지 간에** 그도 당신과 같이 그에게 보이는 그 색깔에 대해서 "붉다"라는 단어를 사용하기 때문이다. 그것은 실제로 당신이 노란색 또는 파란색이라고 부르는 혹은 당신이 경험하지 못한, 또는 상상조차 할 수 없는 그런 경험에 바탕을 둔 색깔인지도 모른다.

이것을 부정하기 위해 당신은 맛과 색깔의 경험은, 감각 기관을 가진 주체가 누구든지간에 통일된 물리적 자극에 관련되어 있다는 가정을 들먹일 것이다. 그러나 회의론자는 당신에게, 당신은 근거 없는 가정을 하고 있고, 또 그 가정의 성격 때문에 당신은 아무런 증거를 가지지 **못한다**고 할 것이다. 당신이 관찰할 수 있는 모든 것은 당신 자신의 경우에서만 벌어지는 상관 관계에 불과하다.

이 논의에 직면하여, 당신은 여기에는 어느 정도의 불확실성이 있다는 것을 인정할지 모른다. 자극과 경험의 상관 관계는 사람마다 다 같은 것은 아닐지 모른다. 색깔과 맛에 대한 두 사람의 경험에는 약간의 정도 차이가 있을지 모른다. 실제로 사람들은 물리적으로 다르기 때문에 이런 결론에 놀랄 필요는 없다. 그러나 당신은 경험상의 차이는 극단적일 수가 없거나 적어도 그 차이를 말할 수 있을 정도에 불과하다고 말할 수도 있다. 예를 들면 당신 친구가 초콜렛 아이스크림을 먹을 때, 그는 당신이 레몬 맛을 느끼는 것과 같은 경험을 하지는 못할 것이다. 만약 그렇지 않다면, 그가 먹을 때 입이 오므라들게 될 것이다.

그러나 이 주장은 사람들간의 또 다른 상관 관계를 가정하고 있다는 것을 주목하라. 즉 내부적 경험과 관찰 가능한 반응간에 통일된 상관 관계가 있다는 것을 가정한다는 말이다. 그리고 똑같은 질문이 던져지게 된다. 당신은 신맛을 느낄 때 입이 오므라든다는 사실을 당신 자신의 경우에만 관찰했다. 하지만 다른 사람도 같은 경우라는 것을 당신은 어떻게 아는가? 당신 친구의 입이 오므라드는 것은 당신이 오트밀을 먹을 때 느끼는 경험인지도 모른다.

　만약 우리가 이런 종류의 질문을 사정없이 계속 밀고 나간다면, 우리는 당신과 친구가 초콜렛 아이스크림 맛을 똑같이 느끼는지 여부에 대한 부드럽고 별다른 해악없는 회의주의로부터, 도대체 당신과 친구의 경험 사이에 **어떠한** 유사성도 존재하지 않는 것이 아닌가 하는 보다더 극단적인 회의주의에 빠져들게 된다. 당신은 당신 친구가 입 속에 무언가를 넣었을 때, 그가 당신이 **맛**이라고 부르고자 하는 그런 경험을 가지기조차 하는지 어떻게 아는가? 당신 친구가 초콜렛 아이스크림 먹는 것을 관찰함으로써 당신이 알 수 있는 것의 전부는 기껏해야 그의 입에서 어떤 소리 같은 것이 난다는 것이고, 심지어는 당신이 전혀 경험해 보지 못한, 아니 상상조차 할 수 없는 어떤 일이 그의 내부에서 벌어지고 있는지 모른다.

　만약 우리가 이렇게 계속 나간다면, 우리는 결국 타인의 마음에 관한 가장 극단적인 회의주의에 이르고 만다. 어떻게 당신은 당신 친구가 의식을 가진다는 것조차 아는가? 어떻게 당신은 자신의 마음 이외에 **어떤 마음이 조금이라도** 존재한다는 것을 아는가?

　마음, 행동, 육체, 물리적 환경 사이의 상관 관계에 대해 당신이 직접적으로 관찰할 수 있는 유일한 예는 당신 자신의 경우밖에 없다. 다른 사람이나 동물이 어떤 경험이나 정신적 내부 삶을 가지지 않은 단순히 세련된 생물적 기계에 불과하더라도, 당신은 아무런 차이를 발견하지 못할 것이다. 따라서 당신은 어떻게 그들이 그러한 존재가 아니라는 것을 아는가? 어떻게 당신은 당신 주위에 있는 존재가 모두 마음이 없는 로보트가 아니라는 것을 아는가? 당신이 그들의 마음 속에 들어가 보지도 않았고, 또 들어갈 수도 없고, 그래서 그들의 물리적 행동은 순전히 물리적 원인에 의해 야기된 것일 수 있다. 혹 당신의 친척, 이웃, 애완 동물은 **어떠한 내적 경험도** 가지고 있지 못한지 모른다. 만약 그들이 가지고 있지 못하다면, 당신은 그것을 알아낼 길이 없다.

당신은 그들이 말하는 것을 포함해서 그들의 행동을 증거로 채택할 수조차 없다. 왜냐하면 그것은 그들의 외부적 행동이 당신 자신의 경우와 마찬가지로 내적 경험과 연결되어 있다는 것을 가정하기 때문이다. 그러나 그것은 바로 당신이 알지 못하는 사항이다.

당신 주위에 있는 어떤 사람도 의식 없는 존재일지 모른다는 가능성을 검토하는 것은 기분이 썩 좋은 일은 못 된다. 그것은 상상할 수 있는 것이며, 당신이 가질 수 있는 어떤 증거로도 그것을 완전히 배제할 수 없다. 또한 그것은 가능하지만 당신이 **진정으로** 믿을 수는 없는 그런 것이다. 육체 뒤에는 정신이 있고, 눈동자 뒤에는 시력이, 귀 뒤에는 청력이 있다는 확신은 본능적이다. 그러나 만약 그 믿음이 본능에 기인한 것이라면, 그것은 진정한 지식이 될 수 있을까? 한번 당신이 타인의 마음에 관한 믿음이 잘못된 것일 수 있다는 **가능성**을 인정하면, 당신은 그 믿음을 정당화하기 위해 더 확고한 어떤 것을 필요로 하지 않겠는가?

이 질문에는 완전히 정반대 방향으로 치닫는 다른 측면이 있다.

일상적으로 우리는 다른 인간에게 의식이 있다고 믿고, 거의 모든 사람은 다른 포유 동물과 새에게도 의식이 있다고 믿는다. 그러나 사람은 생선, 벌레, 곤충, 그리고 해파리가 의식을 가지고 있는

지에 대해서는 의견을 달리한다. 그들은 더우기 아메바나 짚신 벌레와 같은 단세포 동물이 비록 여러 가지의 자극에 대해 눈에 띄게 반응한다 하더라도, 그들이 의식적 경험을 가지고 있는가에 대해서는 회의적이다. 대부분의 사람들은 식물이 의식을 가지고 있지 않다고 믿는다. 그리고 휴지, 자동차, 호스, 혹은 담배가 의식을 가지고 있다고 믿는 사람은 거의 없다. 또 다른 생물학적 예를 든다면, 우리는 대부분 우리 몸을 구성하고 있는 개별적 세포는 어떤 의식적 경험을 가지지 않는다고 말할 것이다.

어떻게 우리는 이 모든 것을 아는가? 어떻게 당신은 당신이 나무 가지를 자를 때 그 나무가 아파하지 않는다는 것을 아는가? 그 나무가 움직이지 못해서 고통을 표현하지 못하는 것이지, 실제로는 고통을 느끼고 있는지도 모르는 일이 아닐까? (혹은 그 나무는 가지치기당하는 것을 **좋아하는지**도 모른다.) 어떻게 당신은 당신이 계단을 단숨에 뛰어 올라갈 때, 심장의 근육 세포가 고통이나 흥분감을 느끼지 않는다는 것을 아는가? 어떻게 당신은 휴지로 코를 풀 적에 그 휴지가 아무 것도 느끼지 않는다는 것을 아는가?

그리고 또 컴퓨터는 어떤가? 비록 그 내부는 단순히 전선과 반도체 칩으로 만들어져 있지만, 밖에서 보기에는 개와 똑같이 생겼고, 환경에 복잡한 방법으로 반응하고, 여러 가지 점으로 보아 개와 똑같이 행동하는 로보트를 조종하는 데 쓰이는 그런 컴퓨터가 개발되었다고 가정해 보자. 그런 기계가 의식을 가졌는지 여부를 우리는 도대체 어떻게 아는가?

물론 이것은 경우에 따라 다르다. 만약 어떤 사물이 움직일 수 없는 존재라면, 그것은 느낌이나 지각에 대한 어떤 행동적 증거도 제시할 수 없다. 그리고 만약 그것이 자연적 유기체가 아니라면,

그 내부 구조가 우리와 근본적으로 다른 것이다. 그러나 우리는 무슨 근거로, 어느 정도 우리와 비슷하게 행동하고 또 대체로 우리와 비슷한 관찰 가능한 물리적 구조를 가진 것들만이 **어떤** 종류의 경험을 가질 수 있다고 생각하게 되는가? 나무는 혹시 우리와 전혀 다른 방법으로 느낌을 가질지 모르나 우리는 그것을 알아 낼 길이 없다. 왜냐하면 우리는 그들의 경우에 있어서 경험과 관찰 가능한 표현 혹은 물리적 조건과의 상관 관계를 발견할 방법을 가지고 있지 못하기 때문이다. 만약 우리가 경험과 외부적 표현을 동시에 관찰할 수 있기만 한다면 우리는 그런 상관 관계를 발견할 수 있다. 그러나 우리 자신의 경우를 제외하고 나면, 우리는 그 경험을 직접적으로 관찰할 수 있는 방법을 가지고 있지 못하다. 그와 꼭같은 이유로, 우리는 어떤 유형의 경험이 **존재하지 않는다**는 것과, 또 다른 경우에 그런 상관 관계가 결과적으로 존재하지 않는다는 것을 관찰할 길이 없다. 벌레 내부를 관찰함으로써 그 벌레가 경험을 **가지고 있다**고 말할 수 없는 것과 마찬가지로, 나무 내부를 들여다봄으로써 그 나무가 경험을 가지고 **있지 않다**고 말할 수도 없다.

따라서 다음과 같은 질문이 대답되어져야 한다. 당신 자신이 의식적 마음을 가지고 있다는 사실 이외에, 당신이 이 세계에 있는 의식적 삶에 대해 진정으로 알고 있는 것은 무엇인가? 당신 자신을 제외하고는 아무 것도 의식을 가지고 있지 않을 정도로, 당신이 가정하고 있는 것보다 훨씬 적은 수의 의식적 삶이 존재하든가, 혹은 당신이 무의식적 존재라고 생각하는 것조차 의식을 가지고 있을 정도로, 당신이 알고 있는 것보다 많은 수의 의식적 존재가 있든가 하는 것이 과연 가능한가?

몸과 마음의 문제   4

회의주의에 대해서는 모두 잊어 버리고, 당신 몸과 두뇌를 포함하여 외부 세계가 존재한다고 가정해 보자. 타인의 마음에 대한 회의주의도 모두 떨쳐 버리자. 만약 당신이 나를 의식적 존재라고 가정한다면, 나도 당신을 의식적 존재로 가정할 것이다. 그러면 두뇌와 의식의 관계는 과연 어떤 것인가?

모든 사람은 의식 작용이 육체에 의존하고 있다고 알고 있다. 발가락이 채이면 당연히 아프다. 만약에 눈을 감으면 당신 앞에 있는 것을 볼 수 없다. 초콜렛 캔디를 먹으면 초콜렛 맛을 느낀다. 만약 누군가가 당신 머리를 쥐어박으면 당신은 기절할지 모른다.

이런 증거가 보여주는 것은, 어떤 것이 당신의 의식이나 정신에서 일어나기 위해서는 뭔가 당신 두뇌에서 일어나야 한다는 사실이다. (만약 당신 다리와 척추에 있는 신경이 발가락으로부터 두뇌로 자극을 전달하지 않으면, 당신 발가락이 채였을 때 당신은 아무런 통증도 느끼지 않을 것이다.) 당신이 "오늘 오후에 머리를 깎을 시간이 있을지 모르겠다"고 생각할 때, 우리는 당신 두뇌에 무슨 일이 일어나고 있는지 모른다. 그러나 우리는 무엇인가가 일어나고 있다는 것을 확신한다. 당신의 두뇌를 형성하고 있는 수많은 신경 세포에게 화학적이고 전기적인 변화를 포함한 무엇인가가 일어나고 있다고 말이다.

어떤 경우 우리는 두뇌가 의식에 어떤 작용을 하고, 또 반대로 의식이 두뇌에 어떤 영향을 미치는지를 안다. 예를 들면 두뇌 뒷편에 있는 어떤 두뇌 세포를 자극하면 시각적 경험을 갖게 된다는 것을 안다. 우리는 또 당신이 케잌 한 조각을 더 먹으려고 할 때, 어떤 두뇌 세포들이 당신의 팔 근육에 명령을 내린다는 것을 안다. 우리는 자세한 것은 모르지만, 당신 마음 속에서 일어나는 것과 당신 두뇌 속에서 진행되는 물리적 과정 사이에 복잡한 관계가 있는 것은 확실하다. 이제까지 말한 모든 것은 철학이 아니라 과학의 영역에 속한다.

그러나 두뇌와 의식의 관계에 관한 철학적 물음 또한 있으며, 이것이 바로 그것이다. 당신의 마음은, 비록 두뇌와 연결되어 있지만 그것과 다른 어떤 것인가 아니면 바로 두뇌 **그 자체인가**? 당신의 사고, 느낌, 자각, 감각, 소망 등은 당신의 두뇌에서의 모든 물리적 진행 과정에 **덧붙여** 일어나는 것인가? 아니면 바로 물리적 과정 그 자체인가?

예를 들면 당신이 초콜렛을 한 입 베어먹을 때 무슨 일이 벌어지는가? 그 초콜렛은 당신 혀에서 녹아서 미뢰에 화학 변화를 일으킨다. 그 미뢰는 혀로부터 뇌에 이르는 신경을 따라 전기 자극을 보내고, 그 자극이 뇌에 도착할 때 그것들은 거기서 또 다른 물리적 변화를 일으킨다. 최종적으로 **당신은 초콜렛 맛을 보게 된다.** 그런데 **그것은** 도대체 무엇인가? 그것은 단순히 당신의 두뇌 세포 내에서 빚어지는 물리적 사건일 **뿐인가**, 아니면 그것은 전혀 다른 종류의 어떤 것인가?

만약 당신이 초콜렛을 먹고 있는 동안 한 과학자가 당신의 두개골을 해부하여 그 속의 두뇌를 들여다보았다면, 그 과학자가 보는 모든 것은 뇌신경의 묶음에 불과하다. 만약 그가 내부에서 일어나는 것을 측정하는 기구를 사용했다면, 그는 여러 가지 다른 종류의 복잡한 물리적 과정을 발견하게 될 것이다. 그러나 그는 과연 초콜렛 맛을 발견하게 되는가?

비록 그가 당신의 두개골을 열고 두뇌를 직접 본다 하더라도 초콜렛 맛을 당신 두뇌 속에서 찾을 수는 없는 것 같다. 왜냐하면 초콜렛 맛을 경험하는 것은 아무에게도 관찰될 수 없는 방법으로 — 비록 그가 당신의 두개골을 열고 당신의 두뇌 내부를 본다 하더라도 — 당신 마음의 내부에 꼭 잠겨 있기 때문이다. 당신의 경험은 당신의 두뇌가 당신의 머리 내부에 들어 있는 방법과는 다른 **종류의 내밀성**으로 당신의 마음 내부에 들어 있다. 타인이 당신의 두뇌를 열어 내부를 볼 수는 있으나, 적어도 꼭같은 방법으로 당신 마음을 열어 그 내부를 들여다볼 수는 없다.

그것은 초콜렛이 맛이어서 볼 수 없다는 것만은 아니다. 어떤 미친 과학자가 당신이 초콜렛을 먹는 동안 초콜렛 맛을 보는 당신의 경험을 관찰하기 위해 당신의 두뇌를 **핥아 보려고** 한다고 가정하자. 첫째, 당신의 두뇌는 아마 그에게 초콜렛 맛과는 전혀 다른 맛으로 느껴질 것이다. 그러나 만약 그것이 그에게 초콜렛 맛과 같이 느껴진다 하더라도, 그는 당신의 마음 속에 들어가서 초콜렛 맛을 보는

당신의 경험을 관찰하는 데 성공하지는 못할 것이다. 그가 발견한 것은 기묘하게도, 당신이 초콜렛 맛을 볼 때 당신 두뇌가 다른 사람에게 초콜렛 맛을 내게 하는 상태로 변한다는 사실에 불과하다. 그는 그 나름대로 초콜렛 맛을 볼 것이고, 당신도 그러할 것이다.

만약 당신의 경험 속에서 벌어지는 것은 당신 두뇌 속에서 벌어지는 것과 다른 방법으로 당신 마음 속에 있는 것이라면, 당신의 경험과 정신적 상태는 두뇌의 물리적 상태와 동일시될 수 없는 듯이 보인다. 당신이라는 존재는 육체와 신경 조직 이상의 것으로 구성되어 있음에 틀림없다.

한 가지 가능한 결론은, 당신의 육체와 교호 작용을 하면서 동시에 육체에 접합되어 있는 영혼이라는 것이 존재해야 한다는 것이다. 만약 그것이 진실이라면, 당신은 두 가지 매우 다른 사물로 구성되어 있다. 하나는 복잡한 물리적 유기체이고, 다른 하나는 순전히 정신적인 영혼이다. (당연한 이유로 이러한 견해는 이원론이라고 불린다.)

그러나 많은 사람들은 영혼에 대한 믿음은 낡은 것이고 비과학적인 것이라고 생각한다. 세상에 존재하는 다른 모든 사물은 동일한 화학적 요소의 다양한 결합으로 된 물리적인 요소로 구성되어 있다. 왜 우리만 달라야 하는가? 우리의 육체는 임신시에 정자와 난자의 결합으로 생성된 단세포로부터 시작해서 복잡한 물리적 과정을 거쳐 정상적인 인간으로 성장한다. 일상적인 물질이 점차적으로 보태어져 세포가 팔, 다리, 눈, 귀, 두뇌를 갖춘 아기가 되고, 움직이고, 느끼고, 보고, 결국 말하고 생각하게 된다. 어떤 사람들은 이와 같이 복잡한 물리적 체계가 정신적인 삶을 탄생하게 하는 충분한 조건이라고 믿는다. 그래서 안 될 이유가 있는가? 어쨌든 단순한 철학적 논의가 그렇지 않다는 것을 보여줄 수 있는가? 철학이 우리에게 별이나 다이아몬드가 무엇으로 만들어져 있는가 말해 줄 수 없는데, 어떻게 사람이 무엇으로 만들어져 있는가에 대해 말할 수가 있는가?

사람은 물리적 물질로만 구성되어 있고 그들의 정신 상태는 두뇌의 물리적 상태라고 보는 견해는 소위 물리주의(physicalism, 때로는 유물론)라고 불린다. 물리주의자들은 예를 들면 두뇌의 어떤 과정이 초콜렛 맛을 보는 경험과 동일시될 수 있는지에 대한 특별한 이론을 가지고 있지 않다. 그러나 그들은 정신적 상태란 단지 두뇌의 상태에 **불과하다**고 믿고, 또 달리 생각할 어떠한 철학적 이유도 없다고 생각한다. 보다더 자세한 것은 과학이 밝혀 주어야 한다고 믿는다.

이 생각은 우리에게 친근한 사물이 우리가 상상해 보지 못했던 진정한 본질을 가졌다는 것을 과학이 비로소 발견해서 알려 주었듯이, 경험이라는 것이 진정으로 두뇌 상태라는 것을 우리가 발견하게 될 것이라는 믿음이다. 예를 들면 다이아몬드가 석탄과 같은 탄소로 구성된 것으로, 단지 그 원자들의 배합이 틀릴 뿐이라는 것이 증명된 것이다. 그리고 우리 모두가 잘 알듯이, 비록 산소와 수소는 따로 떨어져 있을 때에는 물과 전혀 다른 것이지만, 두 요소가 합쳐지면 물이 된다는 사실 등이다.

따라서 초콜렛 맛을 보는 경험이 당신 두뇌 속의 복잡한 물리적 사건에 불과하다는 것이 놀랍게 여겨지는 듯함에도 불구하고, 일상적 대상과 과정의 진정한 본질이 밝혀진 많은 사물에 비해 특별히 더 이상하게 느껴질 필요는 없다. 과학자들은 빛이 무엇이고, 식물이 어떻게 자라고, 근육이 어떻게 움직이는지를 발견해 왔다. 이제 정신의 생물학적 본질이 무엇이냐를 발견해 내는 것도 단지 시간 문제이다. 이것이 바로 물리주의자들이 생각하는 바이다.

이원론자는 정신은 다른 사물과 다르다고 대답할 것이다. 예를 들면 우리가 물의 화학적 구성을 발견할 때 우리가 다루는 것은 우리 모두가 보고 만질 수 있는, 물리적 세계에 엄연히 존재하는 그런 것들이다. 우리가 물은 산소와 수소로 이루어져 있다는 것을 발견할 때, 우리는 단지 외부적·물리적 실체를 보다더 작은 물리적 부분으로 쪼개는 데 불과하다. 이런 과학적 분석의 중요한 특징은 물이 우리에게 **보여지고, 느껴지고, 맛을 느끼게 해주는** 방법을 화학적으로 쪼개 나가는 것이 **아니라는** 것이다. 그런 것들은 우리의 내부 경험 속에서 일어나는 것이지, 원자로 쪼개어진 물 속에서 일어나는 것이 아니다. 물에 대한 물리적·화학적 분석은 그런 것들을 다루지 않는다.

그러나 초콜렛 맛이 진정으로 두뇌 과정에 불과하다는 것을 발견하려면, 우리는 정신적인 어떤 것, 즉 외부적으로 관찰되어지는 물리적 실체가 아니라 내부적인 맛 감각을 물리적인 부분들로 분석해 내야만 할 것이다. 물리적인 총합은 보다더 작은 물리적 부분으로 분해될 수 있으나 정신적 과정은 그렇지 못하다. 물리적 부분들을 합쳐 봐야 절대로 정신적 총합이 될 수 없다.

이원론이나 물리주의와는 다른 또 하나의 가능한 견해가 있다. 이원론은 당신이 육체와 영혼으로 구성되어 있고, 당신의 정신적 삶은 영혼 속에서 영위된다는 견해이다. 물리주의는 당신의 정신적 삶은 당신 두뇌의 물리적 과정으로 구성되어 있다는 견해이다. 그러나 또 다른 하나의 가능성은 당신의 정신적 삶은 당신 두뇌 속에서 진행되지만 경험, 감각, 사고, 욕구 등과 같은 모든 것은 당신 두뇌 속의 **물리적** 과정이 아니라는 견해이다. 이것은 당신 두개골 속에 있는 수억 개의 뇌신경 세포는 **단순한 물리적 대상은 아니라는** 것을 의미한다. 그 세포들은 그 속에서 진행되는 많은 양의 화학적·전기적 작용 등과 같은 물리적 성질들을 많이 가지고 있지만, 동시에 그 속에서 진행되는 **정신적** 과정도 가지고 있다.

두뇌는 의식의 집이지만 그 의식적 상태가 곧 물리적 상태는 아니라는 견해는 소위 이원론적 양상론으로 불린다. 그 이유는 당신이 초콜렛을 먹는 것이 두 가지 양상, 즉 다양한 화학적·전기적 변화를 포함한 물리적 양상과 초콜렛 맛 경험이라는 정신적 양상을 띤 상태나 과정을 당신 두뇌에서 생성하기 때문이다. 이 과정이 일어났을 때, 당신의 두뇌를 들여다보는 과학자는 물리적 양상을 관찰하게 되나, 당신 자신은 내부로부터 초콜렛 맛을 느끼는 경험인 정신적 양상을 느끼게 된다. 이것이 만약 참이라면, 당신 두뇌 자체는 비록 쪼개어 본다 해도 외부 관찰자에 의해 접근될 수 없는 내부를 가지게 된다. 당신 두뇌 속에서 그 과정이 진행되는 동안, 그것은 당신에게 일정한 방법으로 느껴지거나 맛보여질 것이다.

이 견해에 따르면 당신은 육체와 영혼으로 구성된 것이 아니라 육체에 불과하나, 당신의 육체 또는 적어도 당신의 두뇌는 물리적 체계에 불과한 것이 아니다. 육체는 물리적·정신적 양상을 둘 다 가지고 있는 대상이다. 그것은 해부될 수 있으나 해부에 의해 드러날 수 없는 또 다른 내부를 가지고 있다. 내부에서 초콜렛 맛을 보게 하는 것과 같은 어떤 것이 존재한다. 왜냐하면 내부로부터 당신이 초콜렛을 먹을 때 생성되는 조건에 당신 두뇌가 처하도록 하는 어떤 것이 있기 때문이다.

물리주의자들은 과학이 탐구할 수 있는 물리적 세계만이 존재한다고 믿는다. 즉 객관적 실재로서의 세계만이 존재한다. 그러나 만약 그렇다면 그들은 당신과 나를 위해 그러한 세계에서 느낌, 욕구, 사고, 경험 등이 존재하는지 여부를 밝혀 주어야만 한다.

물리주의를 방어하는 한 가지 이론은 당신의 정신적 상태의 정신적 본질은 그것들을 존재하게 하는 사물과 그것들이 유발시키는 사물과의 관계에서 찾아볼 수 있다고 하는 것이다. 예를 들면 당신 발가락이 채여서 고통을 느낄 때, 그 고통은 당신 두뇌 속에서 진행되고 있는 어떤 것이다. 그러나 그 고통을 느끼는 것은 물리적 특성의 단순한 합에 불과한 것이 아니며, 그렇다고 그것은 어떤 신비로운 비물리적 성질의 것도 아니다. 오히려 그것으로 하여금 고통이 되게끔 하는 것은 통상적으로 부상으로 인해 야기되는 당신 두뇌의 어떤 상태이고, 당신으로 하여금 소리치고 깡충깡충 뛰게 하고 부상을 야기하는 것들을 피하게 만드는 그런 두뇌의 상태인 것이다.

그러나 그것만으로 어떤 것을 고통이라고 하기에는 충분하지 않은 듯하다. 부상으로 고통이 야기되고, 고통이 당신을 소리치고 뛰어다니게 만드는 것은 사실이다. 하지만 그것들은 또한 어떤 일정한 방법으로 **느껴지는** 것이고, 그것이 바로 원인과 결과에 대한 모든 관계와, 또 만약 그것들이 당신 두뇌 속에서 실제로 벌어지는 사건이라면 그들이 가지고 있을지 모르는 물리적 성질들과 뭔가 다른 듯한 점이다. 나는 고통과 다른 의식적 경험의 내부적 양상이, 그것이 아무리 복잡하다 하더라도, 물리적인 자극과 행동과의 인과관계적인 체계 속에서 적절히 분석될 수 있다고 믿지 않는다.

이 세상에는 두 가지 매우 다른 종류의 사물들이 존재하는 것 같다. 하나는 많은 사람들이 외부로부터 관찰할 수 있는 물리적 실재에 속하는 사물들이고, 또 다른 하나는 우리 각자가 자기 자신의 경우에 한해 내부로부터 경험할 수 있는 정신적 실재에 속하는 사물들이다. 이것은 비단 인간에 있어서만 사실인 것은 아니다. 개, 고양이, 말, 새는 의식을 가지고 있는 듯이 보이고, 심지어 물고기, 개미, 딱정벌레조차도 그런 듯이 보인다. 어디서 그 경계가 그어질지 누가 아는가?

언제 그리고 어떻게 많은 물리적 요소가 올바른 방법으로 모여 단순히 작동하는 생물학적 유기체가 아니라 의식하는 존재를 형성하게 되는가를 우리가 알 때 비로소 우리는 이 세계에 대한 적절한 일반적 개념을 가질 것이다. 만약 의식 그 자체가 어떤 종류의 물리적 상태와 동일시될 수 있다면, 그것은 정신과 육체에 대한 통일된 물리적 이론을 향한 길을 열어 놓게 될 것이고, 나아가서 우주에 대한 통일된 물리적 이론이 가능해질 것이다. 그러나 의식에 대한 순전히 물리적인 이론을 반대하는 이유 또한 만만치 않아서, 실재 전체에 대한 물리적 이론은 불가능하리라고 본다. 물리적 과학은 설명하고자 하는 대상에서 정신을 제외시켜 버림으로써 발전해 왔다고 볼 수 있으나, 이 세상에는 물리적 과학만으로는 이해될 수 없는 것들도 많이 있을 것이다.

단어의 의미

5

어떻게 하나의 단어, 즉 소리나 종이 위의 기호에 불과한 것이 어떤 것을 **의미**할 수 있는가? "뻥" 혹은 "속삭인다"와 같이 그들이 지칭하는 대상과 좀 비슷하게 소리나는 의성어가 있긴 하지만, 이름과 그 이름이 붙여진 사물 사이의 유사성은 대체로 없다. 일반적으로 그 관계는 완전히 다른 어떤 것임에 틀림 없다.

여러 가지 유형의 단어가 있다. 사람이나 사물을 지칭하는 것이 있고, 성질이나 작용을 가리키는 것이 있고, 수, 장소, 시간 등을 일컫는 것이 있고, 또 "그리고"와 "의"와 같이 그것들이 부분으로서 나타나는 보다 큰 문장의 의미를 도와 주기 때문에 의미를 가지는 조사도 있다. 실제로 모든 단어는 이런 방법으로 그 역할을 수행한다. 즉 그것들의 의미는 문장의 의미에 기여하는 그 어떤 것이다. 단어는 대부분 단순한 호칭으로서가 아니라 말이나 글에 사용되는 것이다.

그러나 그렇게 이해함에도 불구하고, 도대체 어떻게 한 단어가 의미를 가질 수 있는가라고 물어 보자. 어떤 단어는 다른 단어로써 정의되어질 수 있다. 예를 들면 "정사각형"은 "네 변의 길이가 같고 네 각이 같은 도형"을 의미한다. 그리고 그 정의에 사용된 대부분의 단어는 또 정의되어질 수 있다. 그러나 정의가 모든 단어의 의미의 근거가 될 수는 없고, 만약 그렇다면 우리는 무한한 순환 궤도를 돌게 될 것이다. 궁극에 가서 우리는 직접적으로 의미를 가지는 어떤 단어에 도달해야만 한다.

쉬운 예인 것처럼 보이는 "타바코"라는 단어를 살펴 보자. 그것은 우리 대부분이 알지 못하는 라틴 이름을 가지고 있고, 그 잎이 담배와 시가를 만드는 데 사용되는 어떤 식물을 지칭한다. 우리 모두는 타바코를 보기도 하고 냄새를 맡기도 했으나, 당신이 사용하는 그 단어는 당신이 보아 온 견본이나 당신이 그 단어를 사용할 때 주위에 있는 것들뿐만 아니라, 당신이 알든 모르든간에 존재하는 모든 예를 통괄적으로 지칭하는 것이다. 당신은 그 단어의 의미를 그 견본을 봄으로써 배웠는지 모르지만, 당신이 그것은 단순히 그 견본의 이름에 불과하다고 생각한다면 당신은 그것을 제대로 이해하지 못한 것이다.

따라서 당신이 만약 "작년 한 해 동안 중국에서는 서방 세계 전체에서보다 많은 수의 타바코가 피워졌는지 모르겠다"라고 한다면, 비록 당신이 그것을 알아낼 길이 없다 하더라도 당신은 의미있는 질문을 했고, 또 그 질문은 대답을 가지고 있다. 그러나 그 질문과 대답의 의미는, 당신이 "타바코"라는 단어를 사용할 때 그것이 세계에 있는 그 실체의 모든 예, 즉 작년에 중국에서 소비된 모든 담배, 쿠바에서 피워진 모든 시가 등등, 또 실제로 과거와 미래를 통

틀어서 존재했고 앞으로 존재할 모든 경우를 다 지칭한다는 사실에 의존한다. 그 문장에 있는 다른 단어는 특정한 시간과 장소로 그 지칭 대상을 한정시키나, "타바코"라는 단어는 어떤 종류의 물건의 개개의 견본에 대한 당신의 직접적 경험을 넘어서는 막대하면서도 특정한 대상을 가진다는 이유 하나 때문에 그러한 질문을 하는 데 사용될 수 있다.

어떻게 그 단어가 그런 일을 할 수 있는가? 어떻게 **소음**이나 **낙서**에 불과한 것이 그토록 넓게 지칭될 수 있는가? 당연히 그것의 소리나 모양 때문은 아니다. 당신이 대해 왔고 또 당신이 그 단어를 말하거나 듣거나 읽을 때 같은 방 안에 있었던 타바코의 예의 숫자가 비교적 적었기 때문도 아니다. 여기서는 무언가 다른 어떤 것이 벌어지고 있고, 모든 사람이 그 단어를 사용할 때 적용되는 일반적인 어떤 것이 있다. 서로 한번도 만난 적이 없고, 서로 다른 타바코 견본을 보아 온 당신과 내가 그 단어를 같은 의미로 사용한다. 만약 우리 둘 다 그 단어를 중국과 서방 세계에 관한 조금 전의 그 질문을 하는 데 사용한다면 그것은 같은 질문이며, 그 대답도 똑같다. 더 나아가 중국어를 사용하는 사람도 같은 의미를 가진 중국 단어를 사용하면 같은 질문을 할 수 있다. "타바코"라는 단어가 그 지칭 대상과 무슨 관계를 가졌든간에 다른 단어도 같은 관계를 가질 수 있다.

이것은 "타바코"라는 단어가 과거, 현재, 미래에 존재하는 모든 식물, 담배, 시가와 갖는 관계가 간접적이라는 사실을 아주 자연스럽게 보여준다. 당신이 사용하는 바의 그 단어는 우주에 있는 모든 타바코를 지칭하게 되는 개념, 사고, 생각 등과 같은 그 무엇을 배후에 깔고 있다. 그러나 이 사실은 새로운 문제를 제기한다.

첫째, 이 중간적 존재는 도대체 어떤 종류의 사물인가? 그것은 당신의 마음 속에 있는 것인가, 아니면 당신이 어느 정도 파악할 수 있는 당신 마음 밖에 있는 어떤 것인가? 타바코라는 단어가 같은 사물을 지칭하기 위해서는 그 단어는 당신과 나, 그리고 중국어를 사용하는 사람 모두가 파악할 수 있는 그 어떤 것이어야 하는 것처럼 보인다. 그러나 그 단어와 식물에 대해 각각 다른 경험을 가진 우리가 어떻게 그런 일을 할 수 있는가? 이것은 그 단어 혹은 단어들을 다르게 사용함으로써 꼭같이 방대하고 넓게 퍼져 있는 양의 **대상**을 지칭할 수 있다고 하는 것만큼 설명하기 힘든 것이 아닐까? 어떻게 단어가 식물이나 실체를 지칭하는가에 대하여 조금 전에 의문이 있었던 만큼이나 어떻게 단어가 생각이나 개념 (그것이 무엇이든간에)을 지칭하는가에 대한 의문이 있는 것이 아닐까?

그뿐만이 아니라 어떻게 이 생각이나 개념이 실재하는 타바코의 모든 견본과 관계를 맺고 있는가에 대한 문제가 또 있다. 타바코와 더불어 전적으로 관련을 맺고 다른 그 무엇과도 연결될 수 없는 이것은 도대체 어떤 종류의 것인가? 이것은 문제를 더 복잡하게만 만드는 것같이 보인다. 타바코의 **관념** 혹은 **개념**을 매개로 "타바코"라는 단어와 타바코와의 관계를 설명하려고 시도함으로써 우리는 단어와 개념과의 관계, 그리고 개념과 대상과의 관계를 설명해야 하는 필요성만을 새로이 창출해 내었을 뿐이다.

개념이 있든 없든 문제는 우리가 사용하는 단어 속에는 매우 특정한 소리, 표시, 예가 포함되어 있지만, 그 단어는 다른 특정한 화자가 그 단어 혹은 외국어의 다른 단어로도 표현할 수 있는 보편적인 어떤 것에 적용된다는 것인 양 보인다. 어떻게 내가 "타바코"라고 말할 때 내는 소음과 같은 특정한 어떤 것이 내가 "사람들이 지금부터 200년 후에 화성에서 타바코를 피울 것이라고 나는 장담한다"는 말을 할 때처럼 보편적인 의미로 쓰일 수 있는가?

당신은 보편적인 요소는 우리가 그 단어를 사용할 때 우리 모두가 마음 속에 가지고 있는 것에 의해 발생하게 된다고 생각할지 모른다. 그러나 우리 모두가 마음 속에 가지고 있다는 그것이 무엇인가? 간단히 말해 "타바코는 매년 비싸진다"라고 생각할 때, 나는 그 단어 이상의 것을 내 마음 속에 가지고 있지는 않다. 그러나 나는 그 단어를 사용할 때, 어떤 식물이나 엽연이나 담배 내부와 같은 종류의 것에 대한 인상을 여전히 가지고 있는지 모른다. 그러나 이것은 단어의 의미가 갖는 일반성을 설명하는 데 도움이 되지 못할 것이다. 왜냐하면 그런 인상은 결국 **특정한** 인상일 것이기 때문이다. 그것은 표상에 대한 인상이거나 타바코의 특정한 견본의 냄새일 것이다. 따라서 어떻게 **그런** 것이 타바코의 현존하는 또는 가능한 모든 예를 다 포함할 수 있다고 가정할 수 있는가? 또 설령 당신이 "타바코"라는 단어를 사용하거나 들을 때 당신 마음 속에 어떤 상(像)을 가지고 있다 하더라도, 다른 사람들도 각자 다른 상을 아마 가지고 있는지 모른다. 그러나 그것이 우리가 그 단어를 같은 의미로 사용하는 것을 막지는 못한다.

의미가 갖는 신비한 점은, 그것이 어디에도 존재하지 않는 것처럼 보인다는 것이다. 단어 속에도, 마음 속에도, 단어와 마음과 지칭 대상 사이에서 맴도는 개념이나 생각 속에도 존재하지 않는 것 같다. 그럼에도 불구하고 우리는 언어를 항상 사용하고 있고, 또 그 언어는 우리로 하여금 시간과 공간의 넓은 영역에 걸쳐 복잡한 사고를 가능하게 해준다. 당신은 오키나와에 160센티미터 이상 되는 사람이 몇 명이나 있고, 다른 우주에 생물이 과연 있는가 등을 말할 수 있다. 그리고 당신이 만들어 내는 그 조그마한 소음들은 아마 당신이 영원히 직접적으로 대할 수 없는 그 먼 곳에 있는 사물에 관한 복잡한 사실에 비추어 보아 참되거나 거짓된 문장이 될 것이다.

당신은 내가 언어의 보편적 측면을 너무 많이 강조했다고 생각할지 모른다. 일상적인 생활에서 우리가 사용하는 언어의 대부분의 문장과 사고는 훨씬더 국부적이고 특정한 것들이다. 만약 내가 "소금 주세요"라고 말해 당신이 소금을 건네 준다면, 우리가 "우리 우주 역사에서 얼마나 오래 전에 소금이 처음으로 나트륨과 염소로부터 형성되었는가?"라고 물을 때처럼 "소금"이라는 단어가 보편적 의미를 가질 필요는 없다. 단어는 종종 사람들 사이의 관계를 위한 도구로서 사용된다. 지하철 역에 있는 표시물에서 당신이 치마를 입고 있는 조그마한 사람과 화살표를 볼 때, 당신은 그것을 여자 화장실을 가리키는 것으로 이해한다. 대부분의 언어란 그러한 표시와 그에 대한 반응을 보이는 체계에 불과한 것이 아닐까?

아마 일부는 그럴 것이고, 또한 그것이 "아빠", "엄마", "안돼", "모든 것이 다 가버렸어" 등과 같은 말을 사용하는 법을 배우기 시작하는 방법인지도 모른다. 그러나 언어는 거기서 멈추는 것이 아니어서, 한 번에 한두 단어를 사용하는 것이 가능한 간단한 의사 소통이 어떻게 우리의 이웃을 훨씬 넘어서 있는 세계를 기술하는 언어의 사용을 이해하도록 우리를 도와 주는지 명확하지가 않다. 실제로는 보다 큰 목적으로 언어를 사용하는 것이 우리가 그것을 조그마한 용도로 사용할 때 일어나는 것이 무엇인지에 관해 어떤 것을 보여주는 것 같기도 하다.

"식탁 위에 소금이 있다"라는 문장은, 그것이 점심 식사중에 실천적인 이유로 말해지든, 시공에 걸쳐 존재하는 상황을 기술하는 것의 일부로서 말해지든, 또는 단지 상상적 가능성에 대한 가상적 기술로서 말해지든간에 꼭같은 의미를 가진다. 그것이 사실이든 아니든간에, 그 말하는 사람이 그것이 사실인지 아닌지를 알든 모르든간에 그 의미는 마찬가지이다. 일상적이고 실제적인 경우에서 일어나는 모든 것은 충분히 일반적인 것이어서, 같은 사물을 지칭하는 다른 경우도 설명해 준다.

물론 언어가 사회적 현상이라는 것은 중요한 사실이다. 각 개인이 언어를 자기 자신을 위해서만 만들어 내는 것이 아니다. 우리가 어려서 언어를 배울 때 우리는 몇 세기에 걸쳐 수백만 명의 사람들이 서로 통화하기 위해 사용한 것과 꼭같은 단어를 쓰는 그러한 이미 존재하고 있는 체계 속에 흡입되고 만다. "타바코"라는 단어는 내가 그 단어를 쓴다고 해서 의미를 가지는 것이 아니라 영어권 내에서 그 단어가 널리 쓰임으로 해서 의미를 가지게 된다. (비록 내가 "블리블"이라는 단어로 타바코를 지칭하는 개인적 암호 체계를 가지고 있다 하더라도, 나는 "블리블"이란 일반적으로 말하는 "타바코"를 의미한다고 정의할 수밖에 없는 것이다.) 우리는 여전히 어떻게 해서 내가 쓰는 단어가, 그 대부분을 모르는 다른 경우에 사용할 때 내용을 가지게 되는가를 설명해야만 한다. 그러나 내 단어를 보다 더 큰 문맥 속에 집어넣고 보는 것은 그것들의 보편적 의미를 설명하는 데 도움이 될지 모른다.

그러나 이것이 모든 문제를 해결하지는 못한다. 내가 단어를 사용할 때, 그것은 영어의 일부로서 의미를 가지는 것이다. 그러나 어떻게 영어를 사용하는 다른 모든 사람들이 그 단어를 쓴다는 사실이 실제로 사용되지 않는 경우까지를 포함해서 보편적 영역을 확

보하게 한다는 것일까? 언어와 세계의 관계에 대한 문제는 우리가
한 문장을 이야기하든 수억의 문장을 두고 이야기하든간에 관계없
이 존재한다. 한 단어의 의미는 실제적인 것뿐만 아니라 참이든 거
짓이든간에 모든 가능한 경우에 사용될 것을 전제한다. 그리고 실
제적 사용은 가능한 사용의 극히 일부분에 불과하다.

　우리는 작은 유한한 존재이다. 그러나 의미는 말해지거나 종이
위에 씌어짐으로써, 우리로 하여금 전 세계와 그 속에 있는 많은
것들을 파악하게 하고, 심지어는 존재하지도 않고 또 존재하지도
않을 것들을 창조하게도 한다. 문제는 어떻게 이것이 가능한가를
설명하는 것이다. 어떻게 이 책에 씌어진 모든 단어를 포함해서 우
리가 말하거나 글로 쓰는 것들이 의미를 가지게 되는가?

자유 의지

　식당에서 줄을 서서 기다리면서 후식으로 복숭아를 먹을까, 초콜
렛 케잌을 먹을까를 망설이는 당신 모습을 상상해 보자. 보기에는
케잌이 좋지만 그것을 먹었다가는 살이 찔 것이라는 것을 잘 알고
있다. 그럼에도 불구하고 당신은 그것을 집어 아주 맛있게 먹는다.
그 다음날 거울에 모습을 비추어 보거나 몸무게를 달아 보고는 "그
초콜렛 케잌을 먹지 말 것을 그랬어. 대신에 복숭아를 먹을 수 있
었는데"라고 생각한다.

　"나는 복숭아를 대신 먹을 수 있었다." 도대체 이 말은 무엇을
의미하며, 그것은 참인가?

　당신이 식당에서 줄을 섰을 때 복숭아는 있었다. 즉 당신에게는
복숭아를 대신 선택할 **기회**가 있었다. 그러나 이것은 당신이 의미
하는 전부는 아니다. 당신이 말하는 것은 케잌 대신에 복숭아를 **집
을** 수 있었다는 것이다. 당신이 실제로 했던 것과 다른 어떤 것을

당신이 **할** 수 있었다는 것이다. 당신이 마음을 결정하기 전에는, 당신은 복숭아를 집을 수도 있고 케잌을 집을 수도 있었다. 어떤 것을 먹을 것인가를 결정한 것은 오직 당신의 선택이었다.

그게 전부인가? "나는 복숭아를 대신 먹을 수 있었다"고 말할 때 당신은 그것이 당신의 선택 여하에만 달려 있다고 말한 것인가? 당신은 초콜렛 케잌을 선택했고, 그것이 바로 당신이 먹은 것이다. 그러나 **만약** 당신이 복숭아를 선택했다면, 당신은 복숭아를 먹었으리라.

이것은 아직도 충분하지 못한 듯하다. 당신이 의미하는 바가 단순히, **만약** 당신이 복숭아를 선택했더라면 당신은 복숭아를 먹었을 것이다는 아닐 것이다. 당신이 "나는 복숭아를 대신 먹을 수 있었다"라고 말하는 것은 당신이 그것을 **선택할 수 있었다**는 것을 동시에 의미한다. 선택할 수 있었는지의 여부는 "가정"의 대상이 되지 못한다. 그러나 그것이 의미하는 바가 무엇인가?

당신이 복숭아를 **선택했던** 적도 있었다는 사실을 지적하는 것은 그것을 설명하는 데 아무런 도움도 되지 못한다. 만약 당신이 좀더 깊이 생각했더라면, 혹은 만약 당신이 새처럼 조금밖에 먹지 않는 친구와 같이 있었더라면 복숭아를 선택**했었을** 텐데라고 말하는 것도 설명에 도움이 되지 못한다. 당신이 말하고자 하는 것은 실제로 그 때 있었던 그 상태에서 당신은 초콜렛 케잌 대신 복숭아를 먹을 수 있었다는 것이다. 당신이 초콜렛 케잌을 실제로 선택했던 **바로 그 순간까지 다른 모든 것이 정확히 있는 그대로였다**고 하더라도, 당신은 복숭아를 선택할 수 있었다고 생각한다. 유일한 차이점은 "아무렴 어때"라고 생각하며 케잌을 집는 대신에 "아무래도 참는 게 낫지"라고 생각하며 복숭아를 집었을 것이라는 것이다.

"할 수 있다" 또는 "할 수 있었다"는 개념은 오직 사람에게나 (혹은 몇몇 동물에게나) 적용되는 것이다. "그 차는 언덕 꼭대기에 오를 수 있었다"라고 말하는 것은, **만약** 누군가가 그 차를 운전한 다면 그 차는 언덕 꼭대기에 이를 만한 충분한 힘이 있다는 것을 의미한다. 이 말은 그 차가 언덕 바닥에 주차했을 경우에 계속 거기에 머무는 것이 아니라 날아서 언덕 꼭대기에 올라갈 수 있다는 것을 의미하지 않는다. 사람이 들어가서 시동을 거는 것과 같은 어떤 다른 일들이 여러 가지로 먼저 선행되어야 한다. 그러나 사람에 관해 이야기할 때 우리는 그들이 어떤 다른 선행 조건 없이 **아주 간단히**, 실제로 하지 않는 많은 것을 할 수 있다고 생각하는 것 같다. 이것이 의미하는 바는 무엇인가?

그것의 부분적 의미는 이것인지 모른다. 당신이 선택하는 마지막 그 순간까지 아무 것도 당신의 선택을 돌이킬 수 없게 결정하지는 못한다. 당신이 실제로 초콜렛 케잌을 선택한 그 순간까지, 복숭아를 선택한다는 것은 **열려 있는 가능성**으로 남아 있다. 그 선택은 미리 결정되어 있지 않다.

일어나는 어떤 사건은 미리 결정되어져 **있다.** 예를 들면 태양이 내일 일정한 시각에 떠오를 것이라는 것은 미리 정해져 있는 것 같다. 내일 해가 뜨지 않고 밤이 계속되리라는 것은 열려 있는 가능성이 아니다. 왜냐하면 그것은 지구가 회전하기를 멈추거나 태양이 더 이상 존재하지 않게 되었을 때만 벌어지는 일이기 때문이다. 그런데 우리 우주에서는 이들 중 하나가 일어나도록 만드는 어떤 움직임도 보이지 않고 있다. 멈추어지지 않는 한 지구는 회전을 계속할 것이고, 내일 아침 그 회전에 의해 우리는 태양을 마주보게 될 것이다. 만약 지구가 멈추거나 태양이 없어질 가능성이 전혀 없다면, 내일 태양이 솟아오르지 않을 가능성도 전혀 없다.

당신이 초콜렛 케잌 대신 복숭아를 먹을 수 있었다고 하는 말의 부분적 의미는, 내일 해가 뜰 것이라는 것이 사전에 결정된 것과 같이 당신이 무엇을 할 것인가가 결정되어진 것은 아니라는 것인지 모른다. 당신이 선택을 하기 전에 당신으로 하여금 필연적으로 초콜렛 케잌을 선택하게 하는 힘이나 과정은 없었다.

그것은 당신이 의미하는 바의 전부는 아닐지 모르나 적어도 한 부분은 차지한다. 왜냐하면 만약 당신이 케잌을 선택하리라는 것이 미리 정해져 있다면, 어떻게 복숭아를 선택할 수 있다는 것이 또한 진실일 수 있느냐는 물음이 제기되기 때문이다. 만약 당신이 케잌 대신 복숭아를 선택했다면, 아무 것도 당신이 복숭아를 가지는 것을 막지는 못했으리라는 것이 진실일 것이다. 그러나 이러한 **가정적 용법**은 당신은 아무 조건 없이 복숭아를 선택할 수 있었다고 말하는 것과는 다르다. 케잌을 선택함으로써 비로소 닫혀지게 된 그 가능성이 애초에 열려 있지 않았다면, 당신은 복숭아를 선택할 수 없었다.

어떤 사람은 생각하기를, 엄밀한 의미에서 보면 우리가 실제로 하는 것과 다른 어떠한 일에 대한 가능성도 우리에게 열려 있지 않다고 한다. 우리가 하는 것이 우리의 선택, 결정, 그리고 소망에 달려 있고, 우리가 상황에 따라 다른 결정을 내린다는 것을 그들도 인정한다. 우리는 일정한 규칙성을 가지고 축을 회전하는 지구와는 다르다. 그러나 그들이 주장하는 바는, 각각의 경우에서 우리가 행동하기 전에 존재하는 상황이 우리의 행동을 결정하고 또 필연적인 것으로 만든다는 사실이다. 한 개인의 경험, 욕망, 지식의 총합, 그의 유전적 내력, 사회적 환경, 그가 내려야 할 선택의 성격, 그리고 우리가 다 알지 못하는 다른 요소를 포함한 이 모든 것이 복합적으로 그 상황하에서의 특정한 행동을 필연적인 것으로 만든다.

이 견해는 결정주의(determinism)라고 불린다. 이 생각은 우리가 우주 만물의 모든 법칙을 다 알아서 무슨 일이 일어날지를 다 **예측**할 수 있다는 것이 아니다. 첫째로, 한 인간의 선택에 영향을 미치는 모든 복잡한 상황을 우리가 다 알 수는 없다. 둘째로, 우리가 상황에 대한 것을 알게 되어 예측하려고 할 때조차도, 그것 자체가 상황 속에서의 하나의 **변화**이기 때문에 그 예측된 결과는 또 달라지게 될지 모른다. 그러나 예측성이 문제가 되는 것은 아니다. 이 견해가 갖고 있는 가설은, 항성의 움직임을 지배하는 것과 같이 세상에서 벌어지는 모든 것을 지배하는 자연의 법칙이 **있고**, 그 법칙에 따라 행동 전의 상황이 그 행동이 벌어지리라는 것을 결정하고 다른 가능성을 완전히 배제할 것이라는 것이다.

그것이 사실이라면, 후식을 무엇으로 할 것인가를 결정하려는 그 순간에조차도, 당신이 케잌을 선택하리라는 사실이 당신에게 또는 당신 속에서 작용하고 있는 많은 요인에 의해 이미 결정되어 있었다. 비록 당신 생각에 당신이 복숭아를 선택할 수 있었던 것 같지만, 사실 당신은 복숭아를 선택**할 수 없었다.** 의사 결정 과정은 당신 마음 내부에 결정되어진 결과를 풀어나가는 것에 불과하다.

만약 모든 것에 대해 결정주의가 맞는다면, 당신이 태어나기도 전에 당신이 케잌을 선택하리라는 것이 이미 정해져 있었다. 당신의 선택은 바로 그 직전의 상황에 의해 결정되어져 있고, 또 **그** 상황은 바로 **그** 직전의 상황에 의해 결정되어져 있고, 이렇게 해서 당신이 원하는 만큼 계속적으로 뒤로 물러날 수 있다.

비록 결정주의가 매사에 들어맞는 것은 아니라 할지라도, 즉 어

떤 사물이 미리 존재하는 원인에 의해 결정됨이 없이 생성한다 하
더라도, **우리가 행한** 모든 것이 사전에 결정되었던 것이라면, 그 의
미는 여전히 매우 중요한 것이다. 복숭아와 케잌 사이에서 혹은 선
거에서 두 후보를 놓고 선택할 때 당신이 아무리 자유스럽게 느낀
다 하더라도, 당신은 그 상황에서 진정으로 단지 하나의 선택을 할
수밖에 없었으리라. 물론 상황과 당신의 욕망이 달랐더라면, 당신
은 다른 선택을 했었겠지만 말이다.

　만약 당신이 당신 자신과 타인에 대하여 결정주의를 믿는다면,
아마 그것은 당신이 사물을 대하는 방법에 변화를 초래할 것이다.
당신은 유혹에 넘어가서 케잌을 선택한 점에 대해 당신 자신을 질
책할 수 있겠는가? 만약 당신이 복숭아를 대신 선택할 **수 없었다
면**, "나는 사실 복숭아를 대신 선택했어야 했다"고 말하는 것이 무
슨 의미가 있겠는가? 물론 만약 과일이 **없었다면**, 그 말은 아무 의
미가 없었을 것이다. 따라서 비록 과일이 **있었지만**, 당신이 케잌을
선택하기로 미리 결정되어 있었기 때문에 그 과일을 당신이 선택할
수 없었다면, 그 말이 어떻게 의미를 가질 수 있는가?

　이것은 심각한 결과를 초래하는 듯하다. 케잌을 먹은 것에 대해
당신 자신을 의미있게 질책할 수 없게 되는 것 이외에도, 당신이
타인의 잘못을 나무라거나 선행을 칭찬하는 것이 우습게 될 것이
다. 다른 사람들이 그렇게 하는 것이 미리 정해져 있다면 그것은
불가피한 것이다. 그들이 처해 있는 상황에서 볼 때 그들은 달리
행동할 길이 없었다. 그렇다면 어떻게 우리가 그들에게 책임을 물
을 수 있겠는가?

　당신 파티에 초대받아 온 손님이 당신의 클래식 레코드 판을 훔
쳐 갔다면, 당신은 그에게 매우 분노를 느꼈으리라. 그러나 당신은

그의 행동이 그의 천성과 상황에 의해 미리 결정되어 있었다고 믿는다고 가정해 보자. 그의 성격을 형성하도록 만든 이전의 그의 행동을 포함한 그의 모든 행동이 그 앞의 상황에 의해 미리 결정되어 있다고 당신이 믿는다고 가정해 보자. 당신은 여전히 그가 그 자신의 저질적인 행동에 책임을 져야 한다고 생각할 수 있는가? 아니면 그의 행동을 레코트가 좀 슬어버린 것처럼 자연적인 사고라고 간주하는 것이 보다더 일리가 있는 것일까?

여기에 대한 사람들의 견해는 다르다. 어떤 사람은 만약 결정주의가 옳다면, 비가 내린 것을 비난하거나 칭찬할 수 없듯이 아무도 자기의 행동으로 이치에 맞게 비난받거나 칭찬받을 수 없다고 생각한다. 다른 사람들은, 비록 불가피한 것이었다 하더라도 선행을 칭찬하고 악행을 비난하는 것은 이치에 닿는 일이라고 생각한다. 결국 어떤 사람이 악하게 행동하도록 미리 정해져 있었다는 사실이 그가 악하게 행동하지 **않았다**는 것을 의미하지는 않는다. 만약 그가 당신의 레코드 판을 훔쳤다면, 미리 결정되어 있었든 그렇지 않든 간에 그의 몰지각성과 부정직함은 여전히 문제가 된다. 더 나아가 만약 우리가 그를 비난하지 않거나 처벌조차 하지 않는다면, 그는 아마 그런 짓을 또 할 것이다.

다른 한편으로 만약 우리가 그가 한 행동이 미리 정해져 있었다고 생각한다면, 그것은 개가 카페트를 섭었다고 벌을 주는 것과 마찬가지인 듯하다. 이것은 우리가 그에게 책임을 지우는 것을 의미하지 않는다. 우리는 단지 앞으로 그의 그러한 행동이 다시 일어나는 것을 막을 따름이다. 나 자신은 어떤 사람이 어쩔 수 없이 행동한 것에 대해 비난하는 것이 온당하지 못하다고 생각한다. (물론 결정주의는 내가 이렇게 생각하리라는 것이 미리 결정되어 있다고

함축하겠지만 말이다.)

만약 결정주의가 맞다면 우리는 이런 문제에 봉착하고 만다. 그러나 그렇지 않을지도 모른다. 지금 많은 과학자들은 결정주의가 물질의 기본 미립자들에게 적용되지 않으며, 주어진 상황 속에서 전자가 할 수 있는 것이 한 가지 이상 있다고 믿는다. 만약 결정주의가 인간 행동의 경우에도 맞지 않는 것이라면, 자유 의지와 책임을 논할 여지가 남아 있다. 만약 인간 행동이, 혹은 적어도 그 일부가 미리 정해져 있는 것이 아니라면 어떻게 되는가? 만약 결정을 내리는 마지막 순간까지 당신이 초콜렛이나 복숭아를 선택하는 것이 열려진 가능성이라면 어떻게 하겠는가? 그렇다면 지금까지 벌어진 사항에 관한 한, 당신은 둘 중 어느 하나를 선택**할 수 있었다.** 비록 당신이 케잌을 실제로 선택한다 하더라도, 당신은 복숭아를 선택할 수도 있었던 것이다.

그러나 이것이 자유 의지를 위한 충분 조건인가? "나는 복숭아를 대신 선택할 수도 있었다"는 당신 말의 의미의 전부가 그 선택은 미리 결정되어 있지 않았다고 하는 것인가? 아니다. 당신은 좀더 많은 것을 믿는다. 당신이 믿는 것을 당신이 직접 **행함**으로써, 당신은 당신이 할 것을 **당신** 스스로 결정했다고 믿는다. 당신의 선택은 미리 결정되어 있지도 않았었지만 **그냥 저절로 일어난** 것도 아니다. **당신이 그것을 선택했고,** 당신은 그 반대의 결정도 내릴 수 있었다. 그러나 그것이 의미하는 바는 도대체 무엇인가?

이것은 아주 우스운 질문이다. 왜냐하면 우리는 어떤 행동을 **한다**는 것이 무엇을 의미하는지 잘 알고 있기 때문이다. 그러나 문제는, 만약 당신의 행동이 다른 무엇보다도 당신의 욕망, 신념, 개성 등에 의해 미리 결정되어진 것이 아니라면, 그 행동은 아무런 설명

없이 그냥 일어난 것 같다는 데 있다. 그 경우에 그것이 어떻게 **당신의 행동**이라고 할 수 있는가?

한 가지 가능한 반응은, 그 질문에는 아무런 대답도 없다는 것이다. 자유 행동은 세계의 근본 특징이고 분석될 수 없다. 원인 없이 그냥 일어난 일과 원인 없이 그냥 **행해진** 행동과는 차이가 있다. 비록 우리가 그것을 설명할 수 없다고 하더라도, 우리 모두는 그 차이를 이해하고 있다.

어떤 사람은 그 문제를 그 정도로 놓아둔다. 그러나 다른 사람들은 당신이 케잌 대신 복숭아를 선택할 수 있었다는 사실을 설명하기 위해 이 설명될 수 없는 개념에 호소하는 것을 달갑지 않게 생각한다. 지금까지 결정주의는 책임감에 큰 위협이 되는 듯했다. 그러나 이제 비록 우리의 선택이 사전에 결정되어 있지 않았다 하더라도, 어떻게 우리가 하지 않는 일을 **할 수 있는지**를 이해하는 것이 여전히 힘든 것처럼 보인다. 두 선택 중 어느 하나가 사전에 가능할지 모르나, 만약 내가 어느 하나를 결정하지 못했다면, 내가 조종할 수 있는 범위를 넘어선 원인에 의해 그것이 결정되었을 때처럼 나는 책임을 질 수 없다. 그런데 만약 **아무 것도** 그것을 결정짓지 않았다면, 어떻게 내가 그것을 결정지을 수 있는가?

이 사실은 결정주의가 옳든 그르든**간에** 우리는 우리의 행동에 대해 책임이 없다는 놀라운 가능성을 제시한다. 만약 결정주의가 옳다면, 그 앞의 상황에 책임이 있다. 만약 결정주의가 그르다면, 아무 것에도 책임이 없다. 그것은 전적으로 막다른 골목에 이르는 것이다.

우리가 이제껏 이야기한 것의 대부분과 완전히 반대되는 또 다른 견해가 가능하다. 어떤 사람들은 우리 행동에 대한 책임은, 우리 행동이 결정되어 있지 않다는 것이 아니라 결정되어 있다는 것을 **전제로 한다고** 생각한다. 그 주장에 의하면, 어떤 것이 당신이 행한 행동이 되기 위해서는 그 행동은 당신 내부에 있는 어떤 종류의 원인에 의해 창출되어야 한다. 예를 들면 당신이 초콜렛 케잌을 선택했다는 것은 저절로 일어난 것이 아니라 당신이 행한 것이다. 왜냐하면 당신이 복숭아보다 초콜렛 케잌을 더 원했기 때문이다. 케잌에 대한 당신의 식욕이 그 시점에서 체중을 줄이고자 하는 당신의 욕망보다 더 강했기 때문에, 결국 당신이 초콜렛 케잌을 선택하게 된 것이다. 다른 행동의 경우에 있어서 심리학적 설명은 더욱 복잡한 것이다. 항상 거기에는 어떤 설명이 있게 마련이다. 그렇지 않다면 그것은 당신의 행동이라 할 수 없다. 이 설명은 결국 당신이 한 행동은 사전에 미리 정해져 있다고 보는 것이다. 만약 그것이 아무 것에 의해서도 결정되어 있지 않았다면, 그것은 당신이 한 것이라기보다 허공에서 갑자기 생겨난 설명할 수 없는 사건에 불과한 것이다.

이 입장에 따르면, 인과적 결정 그 자체가 아니라 단지 어떤 **유형**의 원인만이 자유를 위협한다. 만약 당신이 타인의 강제에 의해 그 케잌을 집었다면, 그것은 자유로운 선택이 아니다. 하지만 자유 행동이라고 해서 아무런 결정적 원인이 없다는 것은 아니다. 자유 행동이 의미하는 바는 그 원인이 우리에게 익숙한 유형의 심리적인 것이어야 한다는 것이다.

나 자신은 이 해결책을 받아들일 수 없다. 만약 내가 한 행동이 내가 처해 있는 상황과 심리적 조건에 의해 결정된다면, 나는 갑갑함을 느낄 것이다. 그리고 만약 그와 같은 것이 모든 사람에게 적용된다고 생각한다면, 나는 그들을 인간이 아니라 애완 동물쯤으로 생각할 것이다. 그들에게 행동에 대한 책임을 묻는 것은 개나 고양이, 심지어 엘리베이터에게 책임을 묻는 것과 같이 한심한 일이 될 것이다.

다른 한편으로 만약 우리의 행동이 결정되어 있지 **않다면**, 그것에 대하여 어떻게 책임을 의미있게 물을 수 있는지를 나는 확실히 이해하지 못한다. 만약 나 자신에 관한 어떠한 것도 내 행동을 결정하지 못한다면, **내가** 그것을 결정한다고 말하는 것이 무엇을 의미하는지 확실하지 못하다. 따라서 아마 당신이 케잌 대신 복숭아를 선택할 수 있었다는 느낌은 철학적 환상일지 모르고, 그 원인이 무엇이든지간에 옳을 수 없다.

이런 결론을 피하기 위해, 당신은 두 가지를 설명하여야만 한다. 첫째, 당신이 행했던 것과 다른 것을 할 수 있었다고 말한 것의 **의미**가 무엇인가? 둘째, 그 말이 참이라면, 당신과 세계가 어떤 구조로 이루어져 있어야 하는가?

옳음과 그름

　당신이 아르바이트로 도서관 출입구에서 사람들이 나갈 때 가방을 조사하는 일을 하는데, 친구가 와서 희귀본인 책을 그냥 가지고 나갈 수 있도록 도와달라고 부탁한다고 가정해 보자.

　당신은 여러 가지 이유로 그 부탁을 꺼려할지 모른다. 그가 만약 붙잡히면 당신까지 곤란한 사태에 직면하게 될 것을 두려워할 수도 있다. 당신 자신이 그 책을 가끔 보기 위해 그 책이 도서관에 그냥 있기를 바랄지도 모른다.

　그러나 당신은 그가 제안한 것은 잘못된 것이며, 그는 그런 짓은 해서는 안 되고 당신은 그를 도와 주어서는 안 된다고 생각할 수도 있다. 당신이 만약 그렇게 생각한다면, 그것이 의미하는 바는 무엇이며, 도대체 그것이 참일 수 있겠는가?

　그것은 잘못된 것이라고 말하는 것은 그것이 규칙에 어긋난다고 말하는 것과 다르다. 정부를 비판하지 못하게 하는 법처럼, 규칙중에는 잘못되지 않은 것을 금하는 나쁜 규칙도 있을 수 있다. 호텔이나 식당에서 인종 차별을 강요하는 법처럼 잘못**되어 있는** 것을 요구하는 나쁜 규칙도 있을 수 있다. 옳음과 그름의 개념은 규칙에 따른다거나 따르지 않는다는 개념과는 다르다. 옳고 그름의 개념이 행동뿐만 아니라 규칙을 평가하는 기준으로 사용될 수는 없는 것이다.

만약 당신이 당신 친구가 책을 훔치는 것을 도와 주는 것이 그른 것이라고 생각한다면, 당신은 그 일을 하는 것을 부담스럽게 느낄 것이다. 비록 친구의 부탁을 거절하는 것이 꺼림칙하게 느껴지더라도, 당신은 어떻게 해서든지 그것을 하려고 하지 않을 것이다. 그것을 하지 않으려는 욕구는 어디에서 오는 것인가? 그 욕구 뒤에 숨어 있는 이유라는 것, 즉 동기는 무엇인가?

어떤 것이 그릇된 것일 수 있는 여러 가지 방법이 있지만, 이 경우를 당신이 굳이 설명해야 한다면, 당신은 아마 당신 친구와 마찬가지로 그 책에 관심이 있고 누구나 다 이용할 수 있는 열람실에서 그 책을 읽고자 하는 다른 많은 도서관 이용자에게 당신 친구가 불공평한 일을 하려 하기 때문에 그릇된 것이라고 말할 것이다. 당신은 또한 친구로 하여금 그 책을 가져가게 하는 것은 바로 이러한 일을 방지하기 위해 당신에게 돈을 주고 있는 고용주에 대한 하나의 배신 행위라고도 느낄지 모른다.

이런 생각은 타인에게 미치는 영향에 대해 고려하는 것이다. 다른 사람들이 그 사실을 발견하지 못할지 모르기 때문에 꼭 그들에게 심리적 영향을 주는 것은 아니라 하더라도 하여튼 일종의 피해를 입히는 것은 사실이다. 일반적으로 어떤 것이 그르다는 생각은, 그 행위 당사자뿐만 아니라 타인에게 주는 영향을 고려해서 나오는 것이다. 적어도 다른 사람들은 그것을 좋아하지 않을 것이고, 그 사실을 알게 되면 항의할 것이다.

그러나 당신이 이 모든 것을 당신 친구에게 설명했으나 그가 "나는 도서관장이 이 사실을 알게 되면 기분 나빠할 것이고 도서관 이용자 중 몇몇 사람은 이 책이 없어진 것을 알고는 실망할 것이라고 알고 있지만, 그게 도대체 무슨 상관이야?"라고 말했다고 가정해 보자.

그것이 잘못된 행위라는 논의는 그 친구에게 그런 짓을 해서는 안 되는 이유를 제시하는 것으로 생각될 수 있다. 그러나 만약 어떤 사람이 타인에 대한 고려를 전혀 하지 않고도 그에 상응하는 벌을 받지 않고 넘길 수 있다고 생각한다면, 도대체 그 사람은 일반적으로 그르다고 생각되는 행위를 절제하려는 이유를 가질 수 있는가? 타인을 죽이거나 상처를 내거나 물건을 훔치거나 거짓말을 해서는 안 되는 어떤 이유를 그는 가지고 있는가? 만약 그가 그런 일을 함으로써 자기가 원하는 것을 가질 수 있다면, 그렇게 해서 안 될 이유가 무엇인가? 그리고 만약 그가 그런 짓을 해서는 안 될 아무런 이유가 없다면, 어떤 의미에서 그것은 그릇된 것인가?

물론 대부분의 사람들은 어느 정도 다른 사람들에 대한 애착을 보인다. 그러나 만약 어떤 사람이 그렇지 않다 하더라도, 우리는 그가 도덕이 적용되지 않는 사람이라고 결론짓지는 않을 것이다. 피해자에 대한 고려 없이 단순히 지갑을 훔치기 위해 사람을 죽인 자가 자동적으로 용서되지는 않는다. 그가 타인에 대해 신경을 쓰지 않는다고 모든 것이 해결되는 것은 아니다. 그는 타인에 대한 고려를 **해야 한다**. 그러나 문제는 **왜** 그런가 하는 것이다.

이 질문에 대답하려는 많은 시도가 있었다. 한 유형의 대답은 사람이 이미 관심을 갖는 다른 어떤 것들을 확인해서 도덕성을 거기에다 결부시키려고 한다.

예를 들면 어떤 사람들은 비록 당신이 이 지구상에서 흉악한 범죄를 저지르고도 법이나 당신 동료에 의해 처벌받지 않고 넘어갈 수 있다 하더라도, 그런 행위를 금하시는 신은 저 세상에서 당신에게 영원한 벌을 내리실 것이고, 만약 시험을 받고도 나쁜 짓을 하지 않았다면 상을 내리실 것으로 믿는다. 따라서 그런 나쁜 짓을 하는 것이 당신 자신의 이익인 것처럼 보일 때조차도 실제로는 그렇지가 못하다. 어떤 사람들은 만약 도덕적 요구 사항을 벌의 위협과 상의 약속으로 뒷받침하는 신이 없다면, 도덕은 환상에 불과하다고 믿기조차 한다. "만약에 신이 없다면, 모든 것이 허용된다."

이 주장은 도덕의 종교적 근거를 좀 다듬지 않은 채 표현한 것이다. 좀더 호소력 있는 해석은 신의 계명에 복종하는 동기는 두려움이 아니라 사랑이라는 것인지 모른다. 신이 당신을 사랑하기 때문에 당신은 신을 사랑해야 하고, 신을 노하게 하지 않기 위하여 신의 계명에 복종하기를 원해야 한다.

그러나 우리가 종교적 동기를 어떻게 해석하든지간에 이런 유형의 대답에는 세 가지 반론이 있다. 첫째, 많은 무신론자도 선악의 판단을 내리고 비록 확실히 벌받지 않는다고 믿음에도 불구하고 누구도 지갑 때문에 타인을 죽여서는 안 된다고 생각한다. 둘째로, 신이 존재해서 그릇된 것을 금한다는 사실 자체가 어떤 행위를 나쁘게 **만드는** 것은 아니다. 살인은 그 자체로 그릇된 것이며 그것이 그릇되다는 사실이 바로 신으로 하여금 그것을 금지하게 하는 **이유**이다. 신이라 할지라도 오른쪽보다 왼쪽 양말을 먼저 신는 것과 같은 모든 사소한 것을 단지 금지함으로써 그릇된 것으로 만들지는 못한다. 만약 신이 당신이 그런 일을 했다고 벌을 준다면, 그것은 권할 만한 일은 못되지만 그렇다고 그것이 그릇된 일이 되는 것은 아니다. 세째로, 벌에 대한 두려움과 보상에 대한 희망, 그리고 심지어 신의 사랑조차도 도덕적이어야 하는 적절한 동기는 되지 못하는 듯하다. 만약 당신이 살인, 사기, 도둑질이 나쁜 짓이라고 생각한다면, 당신 자신에게 돌아올 결과를 두려워하거나 당신의 창조주를 모욕하지 않기 위해서가 아니라 그런 행동이 희생자에게 피해를 주기 때문에, 당신은 그런 일을 하지 않도록 원해야 한다.

이 세번째 반론은 행동해야 하는 사람의 이익에 호소하는 도덕의 힘에 대한 다른 설명에도 적용된다. 예를 들면 흔히 말하기를 당신이 이해심을 가지고 타인을 대해야 타인도 당신에게 마찬가지로 베풀 것이라고 한다. 이것은 좋은 충고처럼 들릴지 모르나, 이것은 당신이 하는 일이 당신에 대한 타인의 태도에 영향을 줄 것이라고 생각될 때만 그러한 것이다. 이것은 만약 당신이 선행을 한다는 것을 타인이 모른다면, 당신이 착한 일을 해야 하는 이유가 될 수 없고, 또 도주 운전자와 같이 당신이 악행으로 인해 벌을 받지 않는다면, 당신이 악한 일을 해서는 안 된다는 이유가 될 수가 없다.

유일한 도덕의 근거는 타인에 대한 직접적 고려이다. 그러나 도덕은 모든 사람에게 적용되는 것으로 알려져 있다. 그런데 우리는 모든 사람이 타인에 대해 그런 관심을 가지고 있다고 가정할 수 있는가? 물론 그 대답은 부정적이다. 어떤 사람은 대단히 이기주의적이고 또 그렇지 않은 사람이라 할지라도 모든 사람에 대해서가 아니라 단지 친분이 있는 사람들에게만 관심을 보인다. 따라서 모든 사람은 생면부지의 사람까지 포함한 모든 타인을 해쳐서는 안 되는 이유를 우리는 어디서 찾을 것인가?

그러면 언어를 이해하는 누구나 알아들을 수 있고, 비록 자신의 이기주의적 동기가 매우 강해서 결국 타인을 험하게 다루고 마는 사람에게조차도 타인을 고려해야 하는 **어떤** 이유를 제시하는 듯한, 타인에 대한 폭력을 반대하는 일반적 논의가 여기에 있다. 당신이 한번쯤은 들었으리라고 확신하는 그 논의는 이와 같다. "만약 어떤 사람이 당신에게 그런 짓을 했다면, 당신은 그것에 대해 어떻게 느끼겠는가?"

이 논의가 어떻게 전개되는가를 설명하는 것은 그리 쉽지 않다. 폭풍우가 몰아칠 때 당신이 식당을 나서며 딴 사람의 우산을 막 훔치려고 하는 순간에 옆에 있던 사람이 "만약 다른 사람이 당신 물건을 훔친다면, 당신 기분이 어떻겠소?"라고 물었다고 가정해 보자. 왜 그 말에 당신은 머뭇거리거나 죄의식을 느끼게 되는가?

그 물음에 대한 직접적인 대답은 당연히 "나야 좋아하지 않겠지"라는 것이리라. 그러나 그 다음 단계는 무엇인가? 아마 당신은 "만약 다른 사람이 나에게 그런 짓을 한다면 나는 기분이 나쁘겠지. 하지만 다행히도 아무도 그런 짓을 나에게 **지금** 하고 있지는 않아. 나는 지금 그런 짓을 남한테 하고 있지만, 거기에 대해서 나는 전혀 개의치 않고 있지"라고 말할지 모른다.

이 대답은 질문의 초점을 전혀 잡지 못하고 있다. 만약 다른 사람이 당신에게 그런 짓을 했다면 기분이 어떻겠느냐는 질문을 받았을 때, 당신은 다른 사람이 당신 우산을 훔쳤을 때 당신이 갖게 되는 모든 감정에 대하여 생각하도록 요구받은 것이다. 그리고 그 감정은, 당신 발가락이 돌부리에 채였을 때 "기분이 좋지" 않음을 느끼게 되는 그러한 단순한 "기분 나쁨" 이상의 것을 말하는 것이다. 만약 다른 사람이 당신의 우산을 훔쳤다면 당신은 그것에 대해 **분**

개할 것이다. 당신은 잃어 버린 우산을 아까와할 뿐만 아니라 그 우산 도둑에 대해 감정을 가질 것이다. 당신은 "내가 피땀 흘려서 번 돈으로 산 우산, 일기 예보를 보고 얻은 선견지명으로 가져 온 그 우산을 가지고 그 놈은 어디로 도망갔을까? 왜 그 작자는 자기 우산을 가져오지 않았는가?" 등등을 생각할 것이다.

타인의 몰지각한 행동이 우리 자신의 이익을 침해했을 때, 우리는 그 사람들은 좀더 지각있는 행동을 할 이유가 있다고 쉽게 생각한다. 당신이 다쳤을 때, 당신은 아마 타인이 그것에 관심을 보여야 한다고 느낄 것이다. 당신은 이것은 타인이 알 바 아니고 또 그들이 당신을 해쳐서는 안 될 아무런 이유가 없다고는 생각지 않는다. 이것이 바로 "당신은 어떻게 느끼겠읍니까?"라는 질문이 일으키려는 감정이다.

만약 당신이 지금 타인에게 하고 있는 행동을 그가 당신에게 한다면 당신이 그것에 **분개**할 것이라는 것을 인정한다면, 그것은 바로 타인이 당신에게 그런 짓을 해서는 안 될 이유를 갖고 있다고 당신이 생각한다는 것을 인정하고 있다는 증거이다. 그리고 만약 당신이 그것을 인정한다면, 당신은 그 이유가 무엇인지를 생각해 보아야만 한다. 그 이유는 단순히 많은 세상 사람 가운데 그가 해치려고 하는 사람이 바로 **당신**이라는 것만일 수는 없다. 그는 다른 사람 것은 괜찮아도 바로 **당신의** 것만은 훔쳐서 안 된다는 특별한 이유를 갖고 있지 않다. 당신은 그렇게 특별한 존재가 되지 못한다. 그 이유가 무엇이든지간에 당신의 우산을 훔치는 것과 같은 해를 다른 누구에게도 끼쳐서는 안 된다고 하는 이유를 그는 가지고 있다. 그리고 그 이유는 다른 사람 역시 비슷한 상황에서 당신이나 또 다른 사람을 해쳐서는 안 된다는 그런 이유이어야 한다.

그러나 만약 그것이 어느 누구도 다른 사람을 이런 식으로 해쳐
서는 안 된다는 이유라면, **당신**도 그 예외일 수는 없다. (왜냐하면
어느 누구도라는 말은 **모두**를 의미하기 때문이다.) 그러므로 그것은
타인의 우산을 훔쳐서는 안 되는 이유이다.

이제까지 말한 것이 강조하는 것은 단순한 일관성의 문제이다.
타인이 비슷한 상황에서 당신을 해쳐서는 안 되는 이유를 가지고
있다는 것을, 또 그가 가지고 있는 이유가 당신이나 그에게만 적용
되는 것이 아닌 아주 일반적인 것이라는 것을 당신이 한번 인정하
기만 한다면, 일관성이 있기 위해서 그 똑같은 이유가 당신에게도
지금 적용된다는 사실을 당신은 인정해야만 한다. 당신은 우산을
훔치지 말아야 하고, 만약 훔친다면 당연히 당신은 죄의식을 느껴
야 한다.

"만약 어떤 사람이 당신에게 그렇게 했다면 기분이 어떻겠습니
까?"라는 질문을 받은 누군가가 "나는 그것에 대해서 전혀 분개하
지 않는다. 만약 폭풍우 속에서 누가 내 우산을 훔쳐 간다면, 나는
기분이 안 **좋을** 것이다. 그러나 나는 그가 내 기분을 고려해야 할
이유를 가지고 있다고 생각하지는 않는다"고 대답했다면, 그런 사
람은 이 논의의 추궁으로부터 벗어날 수 있다. 그러나 얼마나 많은
사람이 그 같은 대답을 정직하게 할 수 있을까? 대부분의 정상적
인 사람들은 그들 자신의 이해 관계가 자기 자신들에게 한정된 문
제가 아니라, 다른 사람들도 그것에 관심을 보여야 하는 이유를 제
공한다는 점에서 중요한 문제로 생각하리라 믿는다. 우리가 고통을
당한다는 것은 **우리 자신에게만** 나쁜 것이 아니라 정말 **그 자체로 악**
이라고 우리 모두는 생각한다.

도덕의 근거는, 어느 특정한 사람들에게 선하고 악한 것이 그 사

람들의 특정한 관점에서뿐만 아니라 지성있는 모든 사람들이 이해할 수 있는 보다더 일반적인 관점에서 볼 때 선하거나 악한 것이라는 믿음에 있다. 그것이 의미하는 바는 행위를 결정함에 있어서 각 개인은 자기 자신의 이익뿐만 아니라 타인의 이익도 고려해야 할 이유를 가지고 있다는 것이다. 그리고 친구나 가족과 같이 자기와 특별한 관계에 있는 사람들의 이익만을 고려한다는 것은 충분하지 못한 일이다. 물론 각자는 어느 특정한 사람들, 특히 자기 자신에 대해서 특별한 애착을 보인다. 그러나 그는 그 자신의 행동이 모든 사람의 복지에 미치는 영향을 고려해야 할 어떤 이유를 가진다. 만약 그가 대부분의 우리와 비슷한 사람이라면, 그것은 비록 타인들이 그 자신의 친구가 아니라 하더라도 그들이 자기에게 해주어야 한다고 생각하는 바와 똑같은 것이다.

비록 이것이 옳다 하더라도 그것은 도덕의 근원에 대한 단순한 개요에 불과하다. 어떻게 우리가 타인의 이익을 고려해야 하는가, 또 어떻게 우리와 가까이 지내는 사람들과 우리 자신이 가지는 특별한 이익과 타인의 이익을 우리가 조정해야 하는가 등의 구체적인 것에 대하여 그것은 아무 것도 말하고 있지 않다. 그것은 우리가 우리 동포와 비교해서 얼마만큼 외국인을 생각해 주어야 하는지조차도 말해 주고 있지 않다. 일반적으로 도덕을 받아들이는 사람들 가운데서도 무엇이 구체적으로 옳은 것이냐 그른 것이냐 하는 데 대해서는 의견이 다양하다.

예를 들어 당신은 당신 자신을 돌보는 것만큼 다른 사람을 꼭같이 대해야 하는가? 달리 말해 당신은 이웃을 내 몸같이 사랑해야 하는가? 만약 어떤 사람이 당신 이웃이 아니라면 어떻게 할 것인가? 당신은 극장을 갈 때마다 그 금액에 상당하는 돈을 다른 사람에게 주거나 기아에 허덕이는 사람에게 회사한다면 더 많은 행복을 가져올 수 있지 않을까 하고 자신에게 반문해 보아야 하는가?

매우 적은 수의 사람만이 그와 같이 이타주의적이다. 그리고 만약 어떤 사람이 자기 자신과 타인의 이익을 고려함에 있어서 그토록 공평 무사하다면, 그는 타인들 **사이**에서도 적어도 그 정도로 공평 무사해야 한다고 그 자신 아마 느낄 것이다. 이 공평 무사함은 그가 생면부지의 사람보다 친구나 친지들에게 보다 많은 관심을 쏟는 것을 막을 것이다. 그는 그와 가까이 지내는 몇몇 사람에게 특별한 감정을 가지고 있을지 모르나, 완벽한 공평 무사가 의미하는 바는, 예를 들면 고통을 줄이기 위해서 친구를 도울 것인가 낯선 사람을 도울 것인가, 또는 자기 자식을 극장에 데리고 갈 것인가 기아 난민에게 구호금을 보낼 것인가를 결정함에 있어서, 가까운 사람들의 **편을 들어서는** 안 된다는 것이다.

이 정도의 공평 무사함은 대부분의 사람들에게 너무 많은 것을 요구하는 듯하다. 만약 그런 정도로 공평 무사한 사람이 있다면, 그는 소름 끼칠 정도의 초인적인 성인임에 틀림없다. 그러나 우리가 얼마만큼의 공평 무사함을 추구해야 하는가는 도덕 철학에서 대단히 중요한 문제이다. 당신은 특수한 한 사람이기는 하지만, 당신이 동시에 인지해야 할 것은 당신은 그들 중 누구보다도 특별히 더 중요한 사람은 아니라는 사실이다. 얼마만큼 그 같은 객관적인 관점이 당신에게 영향을 미쳐야 하는가? 외부에서 볼 때도 당신은 어느 정도 중요한 사람이다. 만약 그렇지 못하다면, 다른 사람들이 당신에게 하는 행동에 대하여 그들이 관심을 가져야 된다는 생각조차 당신이 할 수 없게 될 것이다. 그러나 당신은 당신 스스로가 내부로부터 생각하는 것만큼 그렇게 외부에서 볼 때 중요한 사람은

아니다. 왜냐하면 외부에서 볼 때 당신은 다른 사람과 특별히 다를
만큼 유별나게 중요한 사람은 아니기 때문이다.

우리가 얼마만큼 공평 무사해야 하는가뿐만 아니라 이 질문에 대
한 대답을 정답으로 만드는 기준이 무엇인가 하는 것도 확실하지가
못하다. 모든 사람으로 하여금 그가 개인적으로 관심을 갖는 것과
공적으로 중요시해야 하는 것의 평형을 유지하게 하는 유일하게 옳
은 방법이 도대체 있는가? 혹은 사람마다 각기 가지고 있는 상이
한 동기들이 가지고 있는 힘의 정도에 따라서 그 대답이 각각 다른
것인가?

이 질문은 우리를 또 다른 커다란 쟁점으로 몰고 간다. 과연 옳
고 그름의 기준은 모든 사람에게 같은 것인가?

도덕은 종종 보편적인 것이라고 생각되어진다. 그릇된 것은 모두
에게 다 그릇된 것이다. 예를 들어 만약 당신이 어떤 사람의 지갑
을 훔치기 위해 그를 죽이는 것이 그릇된 것이라면, 당신이 그에게
관심을 가지고 있든 없든간에 그것은 그릇된 행동이다. 그러나 만
약 어떤 것이 그릇되었다는 것이 그것을 해서는 안 되는 이유라면,
또 당신이 그것을 행하는 이유가 당신의 동기에 의존해 있고, 사람
들의 동기가 각각 크게 다를 수 있다면, 이것은 마치 모든 사람에
게 동일한 옳고 그름의 기준이 없다는 것을 보여주는 듯하다. 옳고
그름의 유일한 기준은 없다. 왜냐하면 만약 사람들의 근본 동기가
다르다면, 모든 사람이 따라야 할 이유가 있는 근본적으로 표준적
인 행동은 없기 때문이다.

이 문제를 다루는 세 가지 방법이 있으나 그들 중 어느 것도 만
족스럽지는 못하다.

첫째로, 똑같은 것이 모든 사람에게 옳거나 그를 수는 **있으나**, 모

든 사람이 다 옳은 것을 행하고 그른 것을 피해야 할 한 가지 이유
를 가지고 있다고 말할 수는 없다. 특히 타인에 대한 관심 같은 올
바른 유형의 "도덕적" 동기를 가진 사람들만이 옳은 것을 그 자체
를 위하여 행하려고 하는 이유를 가지고 있다고 볼 수 있다. 이것
이 바로 도덕을 보편적인 것으로 만드는 것이지만, 그 대가는 도덕
이 가지고 있는 힘을 상당히 약화시킨다는 것이다. 즉 어떤 사람이
살인을 한다는 것은 도덕적으로 그른 것이지만, 그는 살인을 해서
는 안 되는 이유도 가지고 있지 못하다고 말하는 것이 무슨 뜻인지
가 명확하지 않다.

둘째, 모든 사람에게는 옳은 것을 행하고 그른 것을 피해야 할
이유가 있으나, 그 이유는 사람들이 가지는 실제의 동기와는 다르
다고 말할 수 있다. 오히려 만약 우리의 실제적 동기가 옳은 것이
아니라면, 그 이유가 우리의 동기를 변화시켜야 한다. 이 주장은
도덕을 그 행동의 이유와 연결시키면서도 모든 사람이 실제로 가지
고 있는 동기와 무관한 보편적 이유들이 무엇인지를 불분명한 채로
내버려 두고 있다. 비록 살인자의 실제적 동기나 욕구가 그에게 그
러한 이유를 부여하고 있지 않음에도 불구하고 그가 살인을 해서는
안 될 이유를 가지고 있다고 하는 것은 도대체 무엇을 의미하는
가?

셋째, 도덕은 보편적이지 않다. 한 인간이 도덕적으로 행동하도
록 요구되는 범위는 그가 타인에 대해서 일반적으로 실제적 관심을
보이는 정도에 의존하고 있는 그런 이유를 가지고 있는 것에 한정
되어 있다고 우리는 말할 수 있다. 만약 그가 강력한 도덕적 동기
를 가지고 있다면, 그것들은 강력한 이유들과 강력한 도덕적 요구
조건을 창출해 낼 것이다. 만약 그의 도덕적 동기가 약하거나 전혀

없다면, 그에게 지워진 도덕적 요구 조건들은 그에 따라서 약하거나 아예 없을 것이다. 이 주장은 심리학적으로 보아서 상당히 그럴듯하나, 똑같은 도덕적 규칙이 선량한 사람뿐만 아니라 모든 사람들에게 적용된다는 생각에 배치된다.

도덕적 요구가 보편적인가 하는 물음은 우리가 다른 개인들의 동기를 비교할 때뿐만 아니라 다른 시대나 다른 사회에서 받아들여지고 있는 도덕 기준을 비교할 때도 항상 제기된다. 당신이 그르다고 생각하는 많은 것들이 아마 과거에는 많은 사람들에 의해서 도덕적으로 옳은 것으로 받아들여져 왔다. 예를 들면 노예 제도, 농노 제도, 인간 제물 제도, 인종 차별 제도, 종교적·정치적 자유의 부정, 세습적 계급 제도 등이다. 그리고 아마 지금 당신이 옳다고 생각하는 어떤 것은 미래 사회에서는 그른 것으로 부정될 것이다. 당신이 그것이 무엇인지 확실히 알지도 못하면서 좌우지간 이 모든 것에 대한 유일한 진리가 있다고 믿는다면, 그것은 이치에 닿는 일일까? 아니면 선악의 구분은 시대와 장소, 그리고 사회적 배경에 따라 달라지는 상대적인 것이라고 믿는 것이 더욱 이치에 닿는 것일까?

옳고 그름이 상황에 따라서 명백하게 상대적인 한 가지 경우가 있다. 빌어 온 칼을 주인이 찾으면 돌려주는 것이 일반적으로 옳은 것이다. 그러나 그 주인이 그동안 미쳐서 그 칼로 누군가를 죽이려고 한다면, 당신은 그 칼을 돌려주어서는 안 된다. 내가 말하고자 하는 유형의 상대주의는 이런 것이 아니다. 왜냐하면 이 경우는 도덕이 근본적인 차원에서 상대주의적이라고 하는 것은 아니기 때문이다. 그것이 의미하는 바는 단지 동일한 기본적 도덕 원칙이라도 상황에 따라 다른 행동을 요구한다는 사실이다.

몇몇 사람이 신봉하는 보다더 깊은 종류의 상대주의는, 살인이나 타인을 위한 자기 희생이 정당한가 등과 같은 옳고 그름의 가장 근본적인 기준이, 당신이 살고 있는 사회에서 일반적으로 받아들여지고 있는 기준에 전적으로 의존한다는 것을 의미한다.

나는 이 견해를 받아들이기가 매우 어렵다. 왜냐하면 우리 자신이 살고 있는 사회에서 받아들여진 기준을 비판하고 그것들이 도덕적으로 잘못된 것이라고 말할 수 있기 때문이다. 그러나 당신이 그런 비판적 행동을 한다는 것은, 대부분의 사람들이 생각하는 대로가 아니라 **진정으로** 옳고 그르다는 개념, 즉 보다더 객관적인 기준이 있다는 것을 전제해야 한다. 그것이 무엇인지 꼬집어 말하기는 힘들지만, 사회 공동체가 주장하는 대로 노예적으로 추종하는 자가 아니라면, 그것이 무엇을 의미하는지 우리 대부분은 이해하고 있다.

도덕 원칙의 내용에 관한 많은 철학적 문제들이 있다. 예를 들면 우리는 타인에 대한 도덕적 관심이나 존경을 어떻게 표현해야 하는가? 우리는 타인이 원하는 것을 갖도록 도와 주어야 하는가, 아니면 방해하거나 해를 끼치지 않도록 단순히 절제해야 하는가? 우리는 매사에 얼마만큼 또 어떤 방법으로 공평 무사해야 하는가 등등이다. 나는 이런 문제들을 다루지는 않았다. 왜냐하면 여기서의 나의 관심은 도덕 그 자체의 기초, 즉 그 보편성과 객관성을 다루는 것이기 때문이다.

나는 도덕이라는 개념 자체에 대해 가능한 하나의 반론에 대답하고자 한다. 사람이 무언가를 행하는 유일한 이유는 거기서 기분 좋음을 느끼기 때문이고, 그것을 하지 않으면 기분이 나빠지기 때문이라는 말을 당신은 아마 들었을 것이다. 만약 우리가 정말로 일신

상의 편안함만을 추구하는 존재라면, 도덕이 우리에게 타인에 대한 관심을 호소하는 것은 절망적이다. 이 견해에 따르면, 한 사람이 타인을 위하여 자기 자신의 이익을 희생하는 듯한 경우에서와 같은 얼핏 보기에 도덕적인 행동조차도 사실 따지고 보면 자기 자신을 위한 동기에서 나온 것이다. 그는 사실 그 "바른" 일을 하지 않았을 경우에 느끼게 될 죄의식을 피하기를 원했거나, 혹은 그 일을 했을 때 받게 되는 따뜻하고 황홀한 자축감을 만끽하기를 원했는지 모른다. 따라서 이런 느낌을 가지고 있지 않은 사람들은 "도덕적"이고자 하는 동기를 가지고 있지 않다.

　사람들은 자기가 해야 한다고 생각하는 것을 할 때, 거기에 대해 흐뭇함을 느끼는 것이 사실이다. 그와 마찬가지로 그릇된 것이라고 생각하면서 행하면 종종 기분이 좋지 않다. 그러나 그렇다고 해서 이 감정이 곧 행동의 동기라는 것은 아니다. 많은 경우에 감정은 행동을 창출하는 동기로부터 결과되는 것이다. 당신을 기분 좋게 만든다는 것 외에 다른 이유가 없다고 생각한다면, 당신은 옳은 일을 해놓고도 기분이 좋지 않을 것이다. 당신에게 죄책감을 준다는 것 이외에 다른 어떤 이유가 없다고 생각한다면, 당신은 나쁜 일을 해놓고도 죄책감을 느끼지 않을 것이다. 즉 당신이 죄책감을 느끼는 것이 **옳은** 일이 되도록 하는 그 어떤 이유 같은 것 말이다. 적어도 세상은 이쯤은 되어야 한다. 어떤 사람은 그릇되다고 생각할 아무런 독자적인 이유도 가지지 않은 채 어떤 일을 한 것에 대해 비합리적인 죄책감을 느끼는 것 또한 사실이나, 도덕이란 원래 그런 식으로 작용하는 것이 아니다.

　어떻게 보면, 사람들은 자기들이 하고 싶은 대로 행동한다. 그러나 그 일들을 하기 원하는 그들의 이유나 동기는 무척 다양하다.

어떤 사람이 내 머리에 총을 겨누고 지갑을 내놓지 않으면 죽이겠다고 협박한다는 이유만으로도 나는 내 지갑을 그에게 주기를 "원할지" 모른다. 물에 빠진 낯선 사람을 구하러 겨울에 얼어붙은 강물에 뛰어들기를 원하는 것이 나 자신의 기분 때문이 아니라, 그의 목숨은 나의 목숨과 마찬가지로 중요하고 상황이 바뀌었더라면 그가 내 목숨을 구해야 할 이유가 있듯이 나는 그의 목숨을 구해야 할 이유가 있다는 사실을 내가 알기 때문인지도 모른다.

도덕 논의는 우리 모두가 가지고 있다고 믿어지는 공평한 동기를 행사할 수 있는 능력에 호소한다. 불행하게도 그것은 깊숙이 묻혀 있고, 어떤 경우에는 전혀 없는지도 모른다. 어떤 경우에 그것은 우리의 행동을 조종하기 위해 강력한 이기주의적 동기나 이기주의적인 것이 아닐지 모르는 다른 개인적 동기와 경쟁하지 않으면 안 된다. 도덕을 정당화하는 데 있어서의 어려움은 인간의 동기가 오직 하나 있다는 것이 아니라, 오히려 그것이 너무 많다는 것이다.

정 의

8

누구는 부자로 태어나고 누구는 가난하게 태어나는 것이 과연 불공평한가? 만약 불공평하다면, 그것을 고치기 위해 어떤 일을 해야 하는가?

국내적으로 또한 국제적으로 이 세상은 불평등으로 가득차 있다. 어떤 어린이들은 편안하고 부유한 가정에 태어나 잘 먹고 잘 교육받고 자라난다. 다른 어린이들은 가난하게 태어나 제대로 먹지도 못하고 교육이나 의료 혜택도 제대로 받지 못한다. 분명히 이것은 운명의 문제이다. 우리는 우리가 태어난 국가나 사회, 경제적 계층에 대한 책임을 질 수 없다. 문제는 불평등으로 고통받고 있는 사람들의 개인적 잘못과 관계없는 그런 불평등이 얼마나 심각한 것이냐 하는 것이다. 희생자들에게 그 책임이 없는 이런 종류의 불평등을 축소하기 위해 정부가 실력 행사로 개입해야 하는가?

어떤 종류의 불평등은 의도적으로 행사된다. 예를 들면 인종 차별은 의도적으로 한 인종에 속하는 사람들이 다른 인종에 속하는 사람들로 하여금 자기네들이 가지고 있는 직업, 주택, 교육 등의 혜택을 받지 못하도록 한다. 또는 여성들은 직업을 가지지 못하거나 남성들에게만 부여되는 특권을 누리지 못하게 된다. 이것은 단순한 불운이라 볼 수 없다. 분명히 인종과 성에 대한 차별은 불공평하다. 왜냐하면 그것들은 인간의 기본적인 복지에 영향을 주어서는 안 되는 요소에 의해 야기되는 불평등이기 때문이다. 공평함이 요구하는 바는 자격 있는 사람들에게 기회가 주어져야 한다는 것이고, 정부가 그러한 기회 균등을 보장하는 것은 좋은 일이다.

그러나 의도적인 인종 차별이나 성 차별 없이 일상적인 사건들의 일련의 과정에서 일어나는 불평등에 대해 무슨 말을 하는 것은 더욱 어렵다. 왜냐하면 비록 인종, 종교, 성 혹은 국적에 관계 없이 기회 균등이 보장되어 모든 자격 있는 사람이 대학에 가고, 직업을 갖고, 집을 사고, 대표로 출마할 수 있다 하더라도 여전히 불평등이 발생하기 때문이다. 부유한 가정 환경을 가진 사람은 대체로 보다 나은 훈련과 자원을 가지고 있기 때문에 좋은 직장을 향해 경쟁하는 데 유리한 고지를 점하는 경향이 있다. 기회 균등의 체제 속에서조차도 어떤 사람은 천부적 소질이 같은 다른 사람보다 일찍 출발해서 더 큰 혜택을 얻게 될 것이다.

그것뿐만 아니라 경쟁 체제 속에서 천부적 재능의 차이는 그 결과로 나타나게 되는 혜택을 누리는 데 있어 큰 차이를 낼 것이다. 많은 사람이 요구하는 재능을 가진 사람들은 어떤 특별한 기술이나 재능을 가지지 못한 사람들보다 돈을 많이 벌 수 있을 것이다. 이 차이도 역시 부분적으로는 운수이다. 비록 사람들이 능력을 계발하고 사용한다 하더라도, 모든 사람이 노력만으로 메릴 스트립 같은 유명한 여배우나 피카소 같은 화가, 헨리 포드 같은 자동차 왕이 되는 것은 아니다. 그보다 덜 유명해지는 것도 어느 정도 비슷한 과정을 통해서이다. 천부적인 재능, 가문이나 출신 배경의 두 가지 운수는 경쟁 사회에서 한 개인의 소득과 지위를 결정하는 중요한 변수이다. 기회 균등이 불평등한 결과를 초래한다.

인종과 성 차별의 결과와 달리 이러한 불평등은 그 자체로는 잘못되지 않은 듯한 선택과 행동에 의해 일어난다. 사람들은 자기 자식을 보살피고 좋은 교육을 받게 하려 하는데, 어떤 사람은 다른 사람보다 이런 목적으로 더 많은 돈을 쓴다. 또 사람들은 그들이 원하는 물건이나 서비스를 얻기 위해 돈을 쓰는데, 어떤 사람들은 많은 사람들이 원하는 것을 제공함으로써 다른 사람들보다 많은 돈을 벌게 된다. 모든 기업과 조직은 직무를 잘 수행하는 종업원을 고용하려고 하고, 특수한 기술을 가진 사람에게 높은 봉급을 주려고 한다. 만약 한 식당은 만원이고 그 옆집은 텅 비어 있는 이유가 첫번째 식당의 요리사가 뛰어나서라면, 비록 손님들의 선택이 두번째 식당의 주인이나 종업원 또는 그 가족에게 불행한 결과를 가져다 주었다 하더라도 그것은 손님들의 잘못이 아니다.

그런 결과가 어떤 사람을 아주 곤궁에 몰아넣었을 때 정말 곤란한 일이다. 어떤 나라에서는 인구의 많은 부분에 해당되는 사람들이 가난을 대를 이어 물려 주고 있다. 그러나 미국같이 부유한 나라에서조차도 경제적·교육적 궁핍으로 인해 많은 사람들이, 야구로 이야기하면 시작부터 스트라이크 두 개 먹은 타자처럼 불리한 삶을 시작한다. 어떤 사람들은 그런 역경을 극복하기도 하지만, 유리한 출발점에 선 사람보다 잘 되기란 무척 힘들다.

무엇보다 가장 어려운 문제는 부유한 나라와 가난한 나라 사이에

는 부, 건강, 교육, 그리고 경제 개발상의 막대한 차이가 있다는
것이다. 지구상에 살고 있는 대부분의 사람들은 경제적으로 유럽,
일본, 미국에 살고 있는 사람들 중 가장 못사는 사람들만큼 살 수
있는 기회조차도 못 가지고 있다. 이 행운과 불운의 엄청난 차이는
분명히 불공평한 듯하다. 그러나 과연 이에 대해 할 수 있는 일이
무엇이 있는가?

우리는 불평등 그 자체와 그것을 줄이거나 없애는 대책을 동시에
생각해 보아야만 한다. 불평등 그 자체에 대한 주된 질문은, 불평
등을 야기하는 어떤 종류의 **원인**이 나쁜 것인가이다. 그리고 대책
에 대한 주된 질문은, 불평등을 제거하는 어떤 **방도**가 옳은 것인가
이다.

의도적인 인종 차별이나 성 차별의 경우에 대한 대답은 쉽다. 차
별하는 사람의 **행동**이 그릇된 것이기 때문에 불평등의 원인도 그릇
되다. 따라서 대책은 단순히 그런 행동을 금지시키는 것이다. 만약
에 집 주인이 흑인에게 세놓기를 거부하면 그를 형사 처벌하면 되
는 것이다.

그러나 다른 경우에 문제는 더 어렵다. 문제는 그른 듯한 불평등
이 사람들이 특별히 잘못된 것을 **행하지** 않고도 야기되는 경우이
다. 유달리 가난하게 태어난 사람이 별다른 잘못이 없는데도 불구
하고 불이익으로 고통받는 것은 불공평하게 보인다. 그러나 그런
불평등이 존재하는 이유는, 첫째 일부 사람들이 다른 사람들보다
돈을 버는 데 성공해서 자기 자식들을 가능한 한 많이 도왔고, 둘
째 사람들이 자기와 비슷한 경제적·사회적 계층과 결혼하여 부와
지위가 대를 이어 축적되어 전해지기 때문이다. 이런 불평등의 원
인을 복합적으로 구성하는 행동—즉 취업 결정, 소비, 결혼, 상

속, 교육열 등―은 그 자체로 잘못된 것 같지 않다. 무엇인가 잘
못된 것이 있다면 그것은 그 결과이다. 어떤 사람들은 부당한 불이
익을 지닌 채 인생을 출발한다는 것이다.

만약 우리가 이런 불운을 불공평한 것으로 반대한다면, 그것은
사람들이 그 자신의 잘못 없이 그들이 태어난 사회 경제적 체제의
통상적인 작동의 단순한 결과로 인해 고통받는 것에 반대하기 때문
이다. 우리 중 어떤 사람들은 신체적 장애와 같이 한 개인의 직접
적 잘못이 개입되어 있지 않은 모든 불행은 가능한 한 보상되어져
야 한다고 믿기도 한다. 그러나 여기서 그 문제를 다루지는 않겠
다. 나는 특히 경쟁적인 경제에서 사회 경제적 구조를 통해 야기되
는 부당한 불평등의 문제를 집중적으로 다루겠다.

내가 이야기했듯이 이 부당한 불평등의 두 가지 주된 근원은, 사
람들이 타고나는 사회 경제적 계층 차이와 요구되는 작업을 해내는
천부적 재능의 차이이다. 당신은 이런 식으로 야기되는 불평등에는
아무런 문제가 없다고 생각할지 모른다. 그러나 만약 거기에 무엇
인가가 잘못되어 있으며 사회는 그것을 줄이도록 노력해야 된다고
생각한다면, 당신은 그 원인 자체에 대해서나 그 불평등한 결과에
대해서 직접적으로 개입하는 대책을 제시해야만 한다.

우리가 보았듯이 원인 그 자체는 시간과 돈을 쓰는 방법과 삶을
영위하는 방법에 대해 많은 사람들이 내리는 상대적으로 순수한 선
택이다. 소비 행태, 자녀 교육 방법, 혹은 임금 지불 수준 등에 관
한 개인적 선택에 간섭하는 것은 은행 강도를 하거나 인종과 성 차
별을 하는 것을 간섭하는 경우와 매우 다르다. 개인의 경제적 행위
에 대해 보다더 간접적으로 간섭하는 것은 세금을 부과하는 것으
로, 특히 부의 재분배를 목적으로 하는 소득세와 상속세, 그리고

소비세를 부과하는 것이다. 이것이 세대에 걸쳐 존재하는 거대한 불평등을 줄이기 위해 정부가 취할 수 있는 한 방도이다. 즉 사람들에게 그들이 번 돈을 모두 가지지는 못하게 하는 것이다.

　보다 중요한 것은 세금으로 거두어들인 공공 자원으로 자력으로 조달할 수 없는 가정의 자녀에게 교육을 베푸는 것이다. 공공 사회복지 정책이 추구하는 바가 바로 세금을 사용하여 의료, 식량, 주택, 교육과 같은 기본 혜택을 제공하는 것이다. 이것이 직접적으로 불평등에 대응하는 전략이다.

　능력의 차이로 말미암은 불평등을 다루는 데는 경쟁적 경제 체제를 분쇄하는 것 이외에는 달리 길이 없다. 취직, 고용, 시장 점유 등의 경쟁이 존재하는 한 빈부의 차이는 있게 마련이다. 유일한 대안은 모든 사람이 평등하게 임금을 받고 중앙 집권적 권위에 의해 직장을 배정받는 중앙 통제적 경제 체제이다. 이런 제도가 시도되어 오기는 했지만, 다른 사람들은 반대할지 모르지만, 내 의견으로는 이 제도는 받아들여지기에는 너무나 큰 자유와 효율성의 희생을 강요한다.

　만약 누가 경쟁 경제 체제를 존속시킨 채 능력 차이에서 발생하는 불평등을 줄이려고 한다면, 불평등 그 자체를 공략하는 것이 필요하다. 이 작업은 고율의 세금을 부과해서 모든 사람 또는 저소득층에 무상의 공공 서비스를 제공하는 것이다. 그것은 소위 "부정적 소득세"로 불리는 형태로, 저소득층에 현찰을 건네주는 것을 포함한다. 이런 어떤 정책도 부당한 불평등을 완전히 없애 주지는 못하지만, 어떤 세금 제도는 고용과 빈곤 문제를 포함한 경제 전반에 예측하기 어려운 다른 영향을 미칠 것이다. 따라서 대책 문제는 항상 복잡하다.

　그러나 철학적 관점에 국한해서 볼 때 사회적 배경과 천부적 재능의 차이에서 발생하는 부당한 불평등을 감소시키기 위한 방책은 주로 세금 징수를 통해 개인의 경제적 활동을 간섭하고, 정부는 어떤 사람에게서 돈을 가져다가 다른 사람들을 돕는 데 쓰는 것이다. 이것은 세금의 유일한 사용법은 아니고 더욱이 주된 사용법은 아니다. 실제로 많은 세금이 가난한 사람보다 부자를 이롭게 하는 데 쓰인다. 그러나 **재분배적** 과세가 우리의 문제와 상관있는 유형이다. 사람들이 도둑질이나 차별 행위와 같이 그 자체로 잘못된 일을 했기 때문이 아니라 불공평한 결과를 낳기 때문에 이것을 시정하기 위해 정부가 물리적 힘을 사용하여 개인의 행위를 간섭한다.

　정부는 국민이 잘못된 일을 하기 전에는 간섭해서는 안 되며 이러한 불평등을 야기하는 경제 행동은 그릇된 것이 아니라 완전히 무고한 것이기 때문에, 재분배적 세금은 부당한 것이라고 생각하는 사람들이 있다. 그들은 또 결과되는 불평등 자체에 잘못된 것이 없다고 주장한다. 즉 비록 불평등으로 희생된 사람의 잘못이 없고 **부당한** 것이라고 하더라도, 사회가 그것을 교정해야 할 의무는 없다는 것이다. 인생에는 원래 운 좋은 사람이 있고 그렇지 못한 사람도 있는 법이라고 말한다. 우리가 무엇인가를 **해야** 할 유일한 경우는 불행이 다른 사람의 잘못에 기인한 경우에 한한다.

　이것은 논란이 많은 정치적 쟁점이며 의견이 분분하다. 어떤 사람들은 재능과 능력의 차이로부터 오는 불평등보다 사람들이 타고나는 사회 경제적 계층으로부터의 불평등에 더욱 반대한다. 그들은 어떤 사람은 부유한 가정에서 또 어떤 사람은 빈민촌에서 태어나게 되는 결과를 싫어하지만, 그 자신의 노력에 따라 돈을 버는 것은 정당한 것이라고 느낀다. 따라서 부자는 숙련된 기술을 배우는 시장성 있는 능력이나 재능이 있고, 가난한 사람은 비숙련 노동만을 할 수 있기 때문에 빈부 격차가 생기는 것은 불공평하지 않다.

나 자신은 이런 원인으로 인해 생기는 불평등은 불공평하고, 한 사회 경제적 체제가 재분배적 과세와 사회 복지 정책으로 방지할 수 있음에도 불구하고 어떤 사람들로 하여금 그 자신의 잘못 없이 심각한 물질적·사회적 불이익을 감수하며 살게 만들 때, 그것은 부당한 것이라고 생각한다. 그러나 이 쟁점에 대한 자신의 생각을 정리하기 위해 당신은 불평등을 야기시키는 어떤 원인이 불공평하고 무슨 대책이 정당한가를 동시에 생각해 보아야 한다.

우리는 지금까지 한 사회 내에서의 사회 정의의 문제를 주로 이야기했다. 지구 전체의 차원에서 이 문제는 두 가지 이유로 더욱 어렵게 된다. 첫째, 그 불평등의 폭이 매우 크다. 둘째, 세계적 차원의 세금을 부과하고 그것이 효과적으로 사용되는지를 감시하는 세계 정부가 없는 상황에서 어떤 대책이 가능한지가 불투명하다. 세계 정부가 여러 모로 바람직하지 못할 수도 있기 때문에 그 존재에 대한 전망이 별로 없는 것도 사실이다. 그러나 비록 우리가 현재 처해 있는 분리된 독립 국가의 체제 아래서 세계적 정의 문제를 어떻게 다룰 것인가가 불투명하다 하더라도, 그 세계적 정의의 문제는 여전히 남아 있다.

죽 음

9

    사람은 누구나 죽게 마련이지만 죽음의 본질에 대해서는 다른 의견이 많다. 어떤 사람은 육체가 죽은 후에도 그 자신이 천당이나 지옥에 가거나, 다른 육신을 가지고 지구에 환생하거나, 아니면 동물이나 식물의 형태로라도 계속 산다고 믿는다. 다른 사람들은 육신이 죽을 때 자아는 날아가 버리기 때문에 더 이상 존재하지 않게 된다고 믿는다. 그리고 영원히 존재하지 않게 된다고 믿는 사람들 가운데 어떤 사람은 이것이 대단히 무서운 사실이라고 생각하고, 다른 사람은 아무렇지도 않다고 생각한다.

    아무도 자기 자신이 존재하지 않게 된다는 것을 상상할 수 없으므로, 죽음과 함께 우리의 존재가 끝난다고 믿을 수는 없다고 가끔 말한다. 그러나 이것은 사실이 아닌 듯하다. 물론 **내부로부터** 당신 자신의 무존재를 상상할 수는 없다. 내부로부터는 그와 유사한 것이 없기 때문에 완전히 무화된다는 것이 어떤 것인지 당신은 상상할 수 없다. 그러나 바로 그와 같은 이유 때문에, 잠시 동안만이라도 완전한 무의식 상태에 들어간다는 것이 어떤 것인지 당신은 상상할 수 없다. 당신이 내부로부터 그것을 상상할 수 없다는 사실이 곧 전혀 그것을 상상할 수 없다는 것을 의미하지는 않는다. 당신은 외부에서 볼 때 의식을 잃고 넘어져 있거나 깊은 잠에 빠져 있다고 생각하기만 하면 된다. 그리고 당신은 비록 그것을 **생각할** 수 있기 위해 의식을 가져야 한다고 하더라도, 그것은 당신이 자신을 의식을 가진 존재**라고** 생각하고 있다는 것을 의미하지는 않는다.

죽음의 문제도 마찬가지다. 당신 자신의 무존재를 상상하기 위해 당신은 외부로부터 생각해야만 한다. 당신은 당신이라고 지칭되는 육체와 그와 더불어 보낸 인생과 경험을 생각해야 하는 것이다. 어떤 것을 상상하기 위해 **당신이** 직접 그것을 경험했다면 어떻게 느낄 것인가를 반드시 상상할 수 있어야 하는 것은 아니다. 당신이 자신의 장례식을 상상해 본다는 것이, 당신의 장례식에 당신이 살아 있는 몸으로 **임재하는** 것 같은 불가능한 상황을 상상한다는 것을 의미하지는 않는다. 당신은 당신 장례식에 온 다른 사람의 눈을 통해 자신이 어떻게 보일 것인가를 상상하는 것이다. 물론 당신 자신의 죽음을 생각해 보는 동안 당신이 살아 있는 것이 별 문제가 되지 않는 것과 마찬가지로, 당신이 무의식 상태에 빠져 있는 것을 상상하는 동안 당신이 의식을 가지고 있는 것도 문제가 되지 않는다.

사후 영생의 문제는 우리가 먼저 논의한 몸과 마음의 문제와 관련이 있다. 만약 이원론이 옳고, 각 개인은 영혼과 육체가 함께 연결되어 있는 상태로 존재한다면, 우리는 사후의 영생이 어떻게 가능한지를 이해할 수 있다. 영혼은 그 자체로 존재할 수 있고 육체의 도움 없이 정신적인 삶을 영위할 수 있어야 한다. 그렇다면 영혼은 육체가 죽을 때 함께 파괴되는 것이 아니라 홀로 살아 남을 수 있게 된다. 영혼은 육체에 접속되어 있는 것에 의존하는 감각적 지각과 행동으로 정신적 삶을 영위할 수 있는 것이 아니라, 예를 들면 다른 영혼과 직접적 통화를 하는, 아마 다른 원인과 영향에 의존하는 다른 종류의 내적 삶을 영위할 것이다.

만약 이원론이 맞다면 사후에도 산다는 것이 가능**할지 모른다.** 영혼의 영생과 그것의 계속되는 의식이 원래 있었던 육체로부터 받아들이는 감각에 전적으로 의존하고, 육체를 바꿀 수는 없을 것이기 때문에 사후의 삶은 가능하지 않을지도 모른다.

그러나 만약 이원론이 틀리다면, 또 정신적 활동은 두뇌 속에서 벌어지고, 두뇌와 그 외의 유기체 조직에서 벌어지는 생물적 기능에 전적으로 의존한다면, 육체의 죽음 후에 존재하는 삶은 있을 수가 없다. 보다 정확하게 말해 사후의 정신적 삶은 생물학적·물리적 삶의 복원을 전제로 한다. 즉 그것은 **육체**의 부활을 전제로 한다. 언젠가는 이것이 기술적으로 가능할지 모른다. 사람이 죽을 때 육체를 냉동시켜 놓았다가 후에 보다 발달된 의료 기술로 죽음의 원인을 고쳐 다시 삶을 불어넣는 것이 가능할지 모른다.

비록 이것이 가능하다 할지라도 몇 세기 후에 회생한 그 사람이 당신 자신인지 아니면 다른 사람인지 하는 문제는 여전히 남아 있다. 만약 당신이 죽은 후 냉동 인간이 되었다가 나중에 회생한다면, 깨어난 그 사람은 **당신**이 아니라 당신의 과거 인생의 기억을 가진 당신과 매우 닮은 어떤 다른 사람인지도 모른다. 그러나 비록 사후 회생한 사람이 당신과 같은 육체를 가진 바로 당신이라는 것이 가능하다 할지라도, 그것이 바로 우리가 통상적으로 말하는 사후의 영생을 의미하는 것은 아니다. 사후 영생은 보통 당신의 낡은 육체가 없어진 그런 삶을 말한다.

우리가 독립된 영혼을 가지는지를 어떻게 결정할 수 있는가를 알기는 어렵다. 우리가 갖고 있는 증거의 전부는, 죽기 **전**의 의식적 삶은 신경 체계 내에서 벌어지는 것에 전적으로 의존한다는 사실뿐이다. 만약 우리가 종교적 믿음과 죽은 사람과 대화를 한다는 신비주의의 주장을 버리고 일상적인 관찰만을 행한다면, 사후 영생을 믿을 어떤 근거도 없다. 그러나 그것이 바로 사후 영생이 **없다**고 믿을 만한 충분한 조건이 되는가? 나는 그렇게 생각하나 다른 사람들은 아마 중립적인 입장을 견지하기를 선호할지 모른다.

여전히 다른 사람들은 증거가 없음에도 불구하고 신앙을 근거로 사후 영생을 믿을지 모른다. 나 자신은 어떻게 이런 종류의 신앙에 충만한 믿음이 가능한지 잘 이해하지 못하나, 분명히 어떤 사람들은 그 신앙을 유지하고 아주 자연스럽게 여기기조차 한다.

문제의 다른 측면을 살펴 보기로 하자. 우리는 죽음에 대해 어떻게 **느껴야** 하는가? 죽음은 좋은 것인가, 나쁜 것인가, 아니면 그냥 중립적인 것인가? 내가 이야기하고 있는 것은 다른 사람의 죽음에 대해서가 아니라 당신 자신의 죽음에 대해 당신이 어떻게 느끼는 것이 이치에 닿는 일인가 하는 것이다. 당신은 당신 자신이 죽게 된다는 사실을 공포, 비탄, 무관심, 혹은 안심 가운데 어떤 태도로 받아들여야 하는가?

당연히 이 문제는 죽음이 무엇이냐 하는 문제에 달려 있다. 만약 사후 영생이 가능하다면, 당신 영혼이 도착할 종착역이 어디냐에 따라 그 전망이 밝거나 어둡거나 할 것이다. 그러나 어렵고도 철학적으로 가장 흥미로운 질문은, 만약 죽음이 종말이라면 우리는 그것에 대해 어떻게 느껴야 하는가이다. 더 이상 존재하지 않게 된다는 것은 과연 공포의 대상인가?

여기에 대해서는 사람들의 견해가 각각 다르다. 어떤 사람은 무존재, 무가 된다는 것은 죽은 사람에게 좋거나 나쁜 일이 될 수가 없다고 말한다. 다른 사람들은 무화된다는 것, 당신 인생의 미래 항로가 완전히 단절된다는 것은 우리 모두가 언젠가 직면해야 하는 것임에도 불구하고, 궁극적인 악이라고 말한다. 여전히 다른 사람들은 너무 어린 나이가 아니라 적당한 시기에만 죽는다면, 죽음은 축복이라고 말한다. 왜냐하면 영원히 산다는 것은 견딜 수 없을 정도로 지루할 것이기 때문이다.

만약 사후에 아무 것도 없다는 것이 죽은 사람에게 좋거나 나쁜 일이라면, 그것은 **소극적인 의미에서** 좋거나 나쁜 일임에 틀림없다. 그 자체로는 아무 것도 없기 때문에 즐겁거나 불쾌한 것일 수는 없다. 만약 좋은 것이라면, 그것은 어떤 나쁜 것 즉 지루함이나 고통 같은 것이 없어서이며, 만약 나쁜 것이라면 어떤 좋은 것 즉 흥미롭고 유쾌한 경험과 같은 것이 없어서임에 틀림없다.

이제, 존재하지 않는 사람은 혜택이나 해를 입을 수 없기 때문에, 적극적이든 소극적이든간에 죽음은 어떤 가치도 가질 수 없는 듯이 보인다. 결국 **소극적인 의미에서의** 선이나 악조차도 **누군가가** 느껴야 한다. 그러나 곰곰이 생각해 보면 이것은 문제의 핵심을 벗어난 생각이다. 우리는 **종래에** 존재했던 사람이 혜택이나 해를 입었다고 말할 수 있다. 예를 들면, 어떤 사람이 불타는 빌딩에 갇혀 떨어지는 서까래에 머리를 부딪쳐 즉사했다고 상상해 보자. 결과적으로 그는 불에 타서 죽는 고통을 맛보지 않는다. 그 경우에 더 험악한 것을 면할 수 있었기 때문에, 그는 다행히도 고통 없이 죽었다고 말할 수 있는 듯하다. 그 시점에서의 죽음은 소극적 의미의 선이다. 왜냐하면 즉사하지 않았더라면, 그 후 5분간 그가 느꼈을 참을 수 없는 고통, 즉 적극적 의미의 악은 느끼지 않아도 되었기 때문이다. 그리고 그 소극적인 선을 만끽하기 위해 그가 더 존재하지 못했다는 사실이, 그 즉사가 그에게 전혀 좋은 것이지 못하다는 것을 의미하지는 않는다. 여기서 "그"라는 사람은 살아 있었던 그 사람을 의미하고, 만약 즉사하지 않았더라면 고통을 받았을 그 사람을 말하는 것이다.

소극적인 악으로서의 죽음에 대해서도 같은 말을 할 수 있다. 당신이 죽을 때 당신 인생에서 좋았던 모든 것, 예를 들면 음식, 영화, 여행, 대화, 사랑, 일, 독서, 음악 등이 중지된다. 만약 이 모든 것이 좋은 것이라면 그것들이 더 이상 없다는 것은 나쁜 것이다. 물론 당신이 그것들을 **그리워하는** 일은 없을 것이다. 죽음이란 독방에 감금되어 있는 것과 같은 것이 아니다. 그러나 삶을 지속하지 못하기 때문에 인생에 있어서 좋은 모든 것에 종말을 고한다는 것은 분명히 한때 생존해 있었지만 지금은 죽어 있는 사람에게 소극적인 악으로 비치는 듯하다. 우리가 가까이서 알고 지내던 사람이 죽을 때, 우리는 우리 자신뿐만 아니라 그 사람 자신에 대해 슬픔을 느낀다. 왜냐하면 그는 오늘 빛나는 태양을 볼 수 없고, 무럭무럭 김이 나는 쌀밥을 먹지 못하기 때문이다.

당신이 자신의 죽음을 생각해 볼 때, 인생에서 좋았던 모든 것과 이별한다는 것은 분명히 유감스러운 일이다. 그러나 그것이 이야기의 전부는 아닌 듯싶다. 대부분의 사람들은 그들이 인생에서 즐겼던 것을 더 즐길 수 있는 그런 곳이 있었으면 하지만 어떤 사람들에게는 더 이상 존재하지 않게 된다는 예상 자체가 공포를 느끼게 하는데, 이는 우리가 이제까지 말해 온 것으로 적절하게 설명되지 않는다. 이 세상은 당신 없이도 잘 굴러가고 있고, 단지 당신만이 **아무 것도 아닌 것**으로 변한다는 생각은 참으로 받아들이기 힘든 것이다.

그 이유는 분명하지 않다. 우리 모두는 우리가 태어나기 전, 우리가 존재하기를 시작하지도 않았던 시점이 있었다는 사실을 받아들인다. 그렇다면 왜 우리는 죽음 뒤에는 아무 것도 없다는 예상에 대해 그토록 불안해 해야 하는가? 그러나 이 둘은 어느 정도 다르게 느껴진다. 미래에 무존재가 된다는 예상은 적어도 많은 사람들에게 과거의 무존재와는 전혀 다른 방식으로 공포의 대상이 되는 것이다.

죽음에 대한 공포는 인생의 종말에 대한 후회와는 다른 방식으로 매우 수수께끼 같은 일이다. 우리는 더 살고 싶어하고 인생에 있어서 좋은 것들을 더 가지고 싶어할지 모른다는 것을 이해하기는 쉽기 때문에, 우리는 죽음을 소극적 악으로 본다. 그러나 어떻게 당신의 무존재화의 **예상**이 적극적인 방법으로 우리에게 경종을 울릴 수 있을까? 만약 우리가 죽은 후 정말로 존재하지 않게 된다면 거기에는 바라볼 어떤 것도 없게 되는데, 도대체 무엇을 무서워하게 되는가? 만약 그것에 대해 논리적으로 생각해 본다면, 죽음에 대한 두려움은 우리가 그 죽음으로부터 **살아나** 끔찍한 변형의 과정을 거칠 때만 가능한 듯하다. 그러나 그런 논리적 생각이, 많은 사람들이 무존재화한다는 것이 그들에게 일어날 수 있는 최악의 것이라는 생각을 떨쳐 버리게 하지는 않는다.

삶의 의미   10

아마 당신은 200년 후에는 우리 모두가 죽을 것이기 때문에 우리가 무슨 일을 하든 모두 덧없는 것이라고 생각해 본 적이 있을지 모른다. 이것은 참 특이한 생각이다. 왜냐하면 200년 후에는 우리 모두가 죽는다는 사실이, 우리가 지금 하는 모든 것이 왜 모두 덧없는 일에 불과하다는 것을 의미하는지 분명하지 않기 때문이다.

그 생각이 의미하는 바는, 우리가 목표를 성취하고 우리의 삶에 무엇인가를 만들어 보려고 투쟁하고 있는데, 이것은 우리의 성취가 영원한 것일 때만 의미를 가지게 되는 것이라는 것 같다. 그러나 우리의 성취는 그렇지 못한 찰나적인 것이다. 비록 당신이 지금으로부터 수천 년 뒤에도 계속 읽힐 위대한 문학 작품을 쓴다 하더라도, 종국적으로 태양계가 식게 되거나 우주가 축소되어 붕괴되어 버리면 당신 노력의 발자취는 사라져 버릴 것이다. 어떤 경우에도 우리는 이러한 불멸성의 조그마한 일부조차도 희망하기 힘들다. 만약 우리가 하는 일이 외부에서 볼 때 덧없는 것이라면, 우리는 그 의미를 우리 삶의 내부에서 발견해야 한다.

왜 그런 작업에 어려움이 있는가? 당신은 당신이 하는 일의 대부분에 대해 의미를 설명할 수 있다. 당신이 돈을 버는 이유는, 당신 자신과 혹 당신이 결혼했다면 당신 가족의 생계를 위해서이다. 당신은 배가 고파서 먹고, 피곤해서 자고, 그냥 그렇게 하고 싶어서 산보하거나 친구에게 전화를 걸고, 세상 물정을 알고 싶어서 신문을 읽는다. 만약 당신이 이들 중 어떤 것도 하지 않는다면, 당신은 아주 불행해지리라. 자, 그렇다면 도대체 뭐가 그리 대단한 문제인가?

문제는 비록 당신이 살아 있는 **동안에** 하는 대부분의 일에 대하여 그것이 크든 작든간에 정당한 이유나 설명이 있게 마련이지만, 그 어떤 것도 당신 인생 전체의 의미를 설명하지는 못한다는 것이다. 이 모든 행위, 성공과 실패, 투쟁과 실망이 그 한 부분으로 있는 그 인생의 전체 의미를 말이다. 만약 당신이 그 전체에 대하여 생각해 보면, 거기에는 아무런 의미도 있는 것 같지 않다. 외부에서 보면, 당신이 전혀 존재하지 않았다고 하는 것조차 아무런 문제가 되지 않는다. 그리고 당신이 죽고 난 후에, 당신이 한때 존재했었다는 사실이 뭐가 그렇게 중요하겠는가?

물론 당신의 존재는 당신 부모와 당신을 아끼는 다른 사람에게는 중요하다. 그러나 전체를 놓고 볼 때 그 사람들의 인생 또한 의미가 없는 것이어서, 당신이 그들에게 중요한 존재가 된다는 사실 자체가 궁극적으로는 덧없는 것이다. 당신은 그들에게 중요하고 또 그들은 당신에게 중요하다는 이런 관계가 당신 인생에 어떤 의미가 있다는 느낌을 줄지는 모르나, 당신은 소위 말해 사람들이 서로 위안하려고 통용하는 생각을 받아들이는 것에 불과하다. 어떤 사람이 존재한다고 전제하면, 그는 당신의 삶 속에 있는 특정한 사물과 사람들이 당신에게 의미가 있는 것이 되도록 만들려고 하는 관심과 필요를 가지고 있다. 그러나 **전체를** 놓고 보면 아무런 의미도 없는 일이다.

그러나 의미가 없다고 하는 것이 문제가 되는가? 당신은 "그래서 도대체 어떻단 말인가? 내가 기차를 놓치지 않게 역에 도착했는지, 고양이에게 먹이를 주는 것을 기억하고 있었는지 등을 생각하는 데도 바쁜 인생이다. 세상 살아 가는 데 그 이상 무엇이 필요한가?"라고 말할지 모른다. 이것은 그 자체로 아주 좋은 반응이다. 하지만 이 반응은 당신이 시야를 좀더 높은 데 두고, 이 전체가 의미하는 바가 무엇인가를 질문하는 것을 정말로 피할 수 있을 때에만 가능하다. 왜냐하면 만약 당신이 한번이라도 그런 생각을 하게 되면, 당신의 삶 전체가 전혀 무의미할 수도 있다는 가능성에 당신은 봉착하게 되기 때문이다.

당신이 200년 후에 죽을 것이라는 생각은 당신의 삶이 보다 큰 문맥 속에 놓여 있다는 것을 바라보는 한 방법이어서, 그 삶 속에 있는 자질구레한 일들이 별로 대수롭지 않고, 무엇인가 큰 질문이 대답되어지지 않은 채 놓여 있는 듯 느끼게 되는 것이다. 그러나 만약 전체로서의 당신의 삶을 보다 큰 무엇과 연결해서 생각해 볼 때, 그것이 어떤 의미를 가진다면 어떻게 할 것인가? 그것이 의미하는 바는 결국 당신의 삶은 무의미한 것이 아니라는 것인가?

당신의 삶이 보다 큰 의미를 가질 수 있는 방법에는 여러 가지가 있다. 당신은 미래의 세대에게 혜택을 주는 보다 나은 세상을 만드는 정치적·사회적 운동의 한 부분인지 모른다. 혹은 당신은 당신의 자식과 그 후손들에게 좋은 삶을 주려고 노력하고 있는지도 모른다. 혹은 당신의 삶은 종교적 맥락에서 의미가 있어서, 당신이 이 지구에서 보내는 시간은 신과의 직접적인 만남이 가능한 영생을 위한 준비 기간에 불과한 것이라고 생각될지도 모른다.

먼 장래의 사람까지 포함한 타인과의 관계에 의존하는 의미의 유형에 대해, 나는 이미 그 문제점이 무엇인지를 지적했다. 만약 우리의 삶이 보다 큰 것의 한 부분으로서 의미를 갖는다면, 그 크다는 것은 도대체 무엇이며, **그것**이 가지고 있는 의미는 무엇인가라는 물음은 여전히 제기될 수 있다. 거기에 대해서는 보다 큰 관점에서 대답이 주어지거나 그렇지 않거나 둘 중의 하나이다. 만약 대답이 있다면, 우리는 단순히 질문을 되풀이해서 물어 보아야 한다. 만약 더 이상 대답이 없다면, 의미를 찾고자 하는 우리의 노력은 드디어 더 이상의 의미가 없는 것과 함께 끝나 버린다. 그러나 만약 우리의 인생이 한 부분이 되는 보다 큰 것이 무의미하다고 받아들여질 수 있다면, 왜 전체로 받아들여지는 우리 인생이 무의미하다는 것을 그 이전에 벌써 수용할 수는 없는가? 왜 당신의 삶이 무의미하다는 사실이 문제가 되는가? 그리고 만약 여기서 수용될 수 없는 것이라면, 왜 갑자기 보다 큰 문맥 속에 들어가서는 수용될 수 있는가? 왜 우리는 계속해서 "그러나 (인간의 역사, 세대의 영속 같은) **그러한** 모든 것의 의미는 도대체 무엇인가?"라는 질문을 던질 필요가 없는가?

삶의 종교적 의미를 호소하는 것은 약간 성격이 다르다. 만약 당신이 당신 삶의 의미가 당신을 사랑하는 신의 목적을 수행해서 그를 영원히 보는 것으로부터 온다고 믿는다면, "그런데 **그것의** 의미가 무엇인가?"라고 묻는 것은 적절하지 않은 듯하다. 그것은 원래 그 자체로 의미를 가지는 것이고, 그 자체 밖에 어떤 목적을 가지고 있지는 않다. 그러나 바로 이 이유 때문에 그것은 그 자체의 문제들을 가진다.

신이란 개념이야말로 그 자체로 설명되어질 필요 없이 다른 모든 것을 설명할 수 있는 그런 개념인 듯하다. 그러나 그런 존재가 어떻게 존재할 수 있는지를 이해하는 것은 대단히 힘들다. 만약 우리가 "왜 세상은 이와 같이 만들어져 있는가?"라고 물은 뒤에 어떤 종교적 대답을 듣는다면, 어떻게 우리는 "그런데 왜 **그것이** 진실인가?"라는 질문을 되풀이해서 물어 보지 않게 될까? 어떤 대답이 우리 모두로 하여금 "왜 그런가?"라는 질문을 다시는 던지지 않도록 만들 것인가? 그리고 만약 신에 이르러 비로소 그러한 질문이 멈추게 된다면, 왜 그보다 더 일찍 멈추지 못했던가?

만약 신과 그의 목적이 우리 삶의 가치와 의미에 대한 최종적인 설명이라면, 마찬가지 문제가 일어나는 듯하다. 우리의 삶이 신의 목적을 성취하는 것이라는 생각은 더 이상의 설명을 요구하지 않는 방법으로 의미를 부여하도록 되어 있다. "신의 설명이란 무엇인가?"라고 묻지 않듯이, "신이 가진 의미는 무엇인가?"라고 묻지는 않는 법이다.

그러나 궁극적인 설명으로서의 신의 역할과 관련해서 내가 가지는 문제점은, 그 개념을 내가 잘 이해하고 있는지 분명하지 않다는 것이다. 다른 모든 것에게 그것을 감싸줌으로써 의미를 주면서, 그 자체로는 아무런 의미를 가질 수도 가질 필요도 없는 존재가 정말로 있을 수 있을까? 더 이상의 외부가 없기 때문에, 외부로부터 물어질 수 있는 의미를 가지지 못하는 그런 존재가 도대체 있을 수 있단 말인가?

　만약 신이 우리가 이해할 수 없는 의미를 우리의 삶에 부여해 주
는 존재라면, 그것은 별 위로가 되지 못한다. 궁극적 설명으로서의
신과 마찬가지로 궁극적 정당화로서의 신 또한 우리가 없애 버릴
수 없는 질문에 대한 하나의 알아들을 수 없는 대답에 불과한지 모
른다. 다른 한편으로 아마 그것이 우리가 알 수 있는 전부인지도
모르고, 나는 종교적 사고를 이해하는 데 그냥 실패하고 있는지 모
른다. 아마 신에 대한 신앙은, 이 우주가 우리가 이해할 수 없는
의미로 가득찬 것이라는 믿음인지 모른다.

　그 쟁점은 제쳐놓고, 인간 삶의 보다 작은 규모의 차원을 이야기
해 보자. 비록 전체로서의 인생은 무의미할지 모르지만, 아마도 그
것은 별 걱정할 바가 아닐 것이다. 아마 우리는 그런 문제를 인식
하고도 예전과 다름없이 살아 나갈 수 있을 것이다. 그 요령은 당
신 앞에 있는 것에만 신경을 쓰면서, 의미를 찾는 작업이 당신 삶
의 내부에서 또 당신과 가까이 있는 사람들의 삶의 내부에서 끝날
수 있도록 하는 것이다. 만약 당신이 당신 스스로에게 "그러나 도
대체 살아 있다는 것은 무엇을 의미하는 것인가?"라는 질문을 한
번이라도 던진다면, 당신이 학교 생활을 하든 술집 종업원 생활을
하든, 또는 어떤 자리에 우연히 있든간에 당신은 "거기에는 아무런
의미도 없다. 만약 내가 전혀 존재하지 않았다고 해서, 혹은 만약
내가 아무 것도 개의치 않는다고 해서 문제가 될 것은 없다. 그러
나 나는 존재하고, 매사에 신경을 쓴다. 그것이 전부이다"라고 대
답할 것이다.

　어떤 사람들은 이런 태도를 완벽하게 만족한 것으로 안다. 다른
사람들은 피할 수 없는 결론이기는 하지만, 대단히 우울하게 그것
을 받아들인다. 문제는 우리 중의 어떤 사람은 자기 자신을 너무

심각하게 생각하는 고칠 수 없는 경향이 있다는 것이다. 우리는 "외부로부터" 볼 때, 우리 자신에게 중요한 존재가 되고 싶어한다. 만약 전체로서 본 우리의 삶이 무의미한 듯하면, 우리 자신 내부의 일부는 실망한다. 그 우리 자신의 일부는 다름 아닌 우리가 하는 일을 우리 어깨 너머로 항상 지켜보고 있는 존재를 말한다. 그냥 일신상의 편안이나 생존을 위해서가 아니라 원대한 야망을 성취하기 위한 많은 인간의 노력은 특히 자기 자신의 일이 가지는 중요성을 느끼는 감정에서 그 힘을 얻는다. 그 감정은 당신이 하고 있는 일이 단순히 당신 자신에게만 중요한 것이 아니라 보다더 큰 의미에서 중요한, 즉 중요함 그 자체라는 것을 느끼는 감정이다. 만약 우리가 이 중요함을 포기해야 한다면, 그것은 돛단배에서 바람을 빼앗아 가는 것과 마찬가지인지도 모른다. 만약 삶이 진정한 것이 아니고 성실한 것도 아니고 무덤이 그 목표라면, 아마 우리 자신을 그토록 심각하게 생각하는 것이 우스운 일일 것이다. 다른 한편으로 만약 우리가 자신을 그토록 심각하게 생각하지 않을 수 없다면, 아마 우리는 우스꽝스럽게 취급당하는 것을 그냥 참고 지내야 할 수밖에 없을지 모른다. 삶이란 무의미할 뿐만 아니라 우스꽝스러운 것인지도 모른다.